은비녀의 옆모습

은비녀의 옆모습

이준구 수필집

수필과비평사

작가의 말

한 시인은 말했다.
"이마 위의 시의 이슬에는 언제나 몇 방울의 피가 섞여 있다."
그 말처럼, 글을 쓴다는 것은 결국 자기 몸을 태워 불빛 하나를 남기는 일이다.

돌이켜보면 내 삶은 책과 함께한 세월이었다.
글을 읽고 쓰며 살아온 육십 평생에 지금도 배우며 늙어가고,
늙어서도 배우는 길 위에 있다.

부모님과 형제, 친지들이 하나둘 떠나가고, 그 빈자리를 바라보며 나는 다시 글을 쓴다.
그리움이 곧 글이 되고, 글이 다시 삶의 숨결이 된다.

이 책 『은비녀의 옆모습』은
소천하신 어머니의 생신날에 맞추어 퇴고한 작은 헌사이다.
『아버지의 뒷모습』 이후 7년,
이제는 두 분의 삶을 잊지 않으려는 나의 마지막 고백이기도 하다.

어머니는 백세를 넘기신 장수한 삶 속에서도
끝내 자식들을 걱정하셨고,
작은 일도 "고맙다" 하시던 분이었다.
그 따뜻한 옆모습을 이제 글로나마 붙잡아 두려 한다.

책을 펴내는데 격려해준 고마운 지인들,
지난 11년 동안 신아문예대학에서
문우들과 함께 글을 쓸 수 있도록 도와주시고,
신아문예작가상으로 큰 용기를 주신 신아출판 미디어그룹 회장님께
깊은감사의 마음을 드린다.

무엇보다도, 이 책은 하늘의 어머님께 바칩니다.
낳아주신 은혜와 생의 빛을
잊지 않겠습니다.

2025년 겨울

이 준 구

차례

제2부

엄마 냄새

제3부

내 마음의 고향

제4부

두 번째 10 · 26

제5부

야누스 인생

제6부

글쓰기는 '선'이다

제1부

은비녀의 옆모습

엄마 가지 마세요

일요일 오후, 딸과 손녀가 떠나는 풍경은 늘 고통스럽다. 금요일에 왔다가 일요일 해 질 무렵이면, 손녀는 어김없이 "엄마 가지 마세요." 라고 외친다. 헤어지는 장면이 가슴이 저려 먼저 나가 시동을 건 차에 오른 딸은 측은하다.

완산칠봉에 어둠이 내리는 겨울 저녁, 떠나는 발길과 붙드는 울음이 교차한다. 그 모습을 지켜보는 우리 부부의 마음이 더 불편하다. 외국으로 발령 난 사위와 워킹 맘인 딸, 그리고 삼단 분리된 손녀를 돌보는 지난 5년은 기러기 가족의 서툰 일상이었다.

세월의 덧없음은 다른 자리에서도 느껴졌다. 신축년 새해, 코로나19로 요양병원 면회가 막히자 화상전화로 노모께 인사를 드렸다. "떡국 드셨어요?" 묻자, "오냐, 먹었다"라는 짧은 대답이 돌아왔다. 화면이 가까워지면 가지런한 틀니도 멀어지고 평안해 보이는 얼굴만 남는다. 하지만 그 평안은 오래된 고통을 가린 허상일 뿐이었다.

어머니가 요양원에 입소한 것은 증손녀가 태어난 해였다. 그날 침대에 엎드려 대성통곡한 모습을 보고 나오던 누이와 함께 엘리베이터 안에서 눈물을 훔쳤다. 자식들을 키우고 결혼까지 시켜준 어머니 한 분을, 노년에 모시지 못한 회한이었다. "여기 요양원이 집보다 편하다." 하시던 말씀이 체념이었음을 나는 안다. 작년부터 거동할 수 없어 결국 요양병원으로 모셨고, 코로나19 유행은 면회의 문까지 닫아버렸다.

"고향집으로 데려다주라." 어느 날 들려온 소식은 내 마음을 더욱 무겁게 했다. 기력이 떨어진 어머니께 영양제를 놔드렸다는 병원 이사장 전화를 받고 잠시 안심했지만, "차라리 편히 가셨으면 좋겠다." 라던 형제들의 말 앞에서 흔들렸다. 그것은 미안함이 섞인 절망이자, 고통 없는 임종을 바라는 또 다른 기도의 표현이었다. 코로나로 부모의 마지막 얼굴조차 확인하지 못한 채 화장장으로 직행했던 수많은 죽음을 떠올리면, 죽음이 '복'일 수 있다는 역설을 실감했다.

노모는 남편과 아들, 딸, 손녀, 자매들까지 가슴에 묻었다. 그러나 마지막까지 기다림은 놓지 않았다. "막내들이 몇 달 동안 면회 안 온다."라는 불만은 사랑이자 그리움이다. 유리창 너머 전화기로 안부를 묻는 면회가 이어질수록, 선택적 기억만 남은 어머니의 치매는 깊어 갔다.

나는 손녀를 바라보며 노모를 떠올린다. 손녀는 엄마가 떠날 때마다 "엄마 가지 마세요."라며 울부짖는다. 그 울음은 노모가 병상에서 "고향 집으로 데려다 달라"던 목소리와 겹친다. 딸이 떠난 뒤 집에 돌아온 손녀는 말수가 줄어든다. 그때마다 아내는 손녀와 함께 소꿉놀이에 몰두하며 '단짝 친구'가 된다. 언젠가 손녀가 성장해 떠나간다면, 아내도 노모처럼 홀로 기다리게 되리라. 내가 먼저 세상을 떠난다면, 아내도 자식들을 기다리며 또 한 번 "가지 마라"라는 말을 속으로 되뇔 것이다.

삶은 이별의 연속이다. 떠나는 자와 붙드는 자, 기다림과 체념이 얽혀 하루하루가 인간의 삶이 된다. 지금도 요양병원을 지날 때마다 언젠가 다가올 그날을 생각한다. 노모는 이미 많은 것을 잃고도 여전히 기다리셨다. 나 또한 언젠가 자식과 손주들은 기다림의 대상이다.

손녀의 울음소리가 내 귓가에 남는다. "엄마 가지 마세요." 나는 그 울음에 가슴이 아리다. 그러나 정작 나의 어머니 앞에서는 그 말을 하지 못했다. 떠나보내야 한다는 이성 앞에서, 붙들고 싶은 본능은 목에서 멎는다. 그래서 나는 아직도 마음속으로만 되뇐다.

"엄마, 가지 마세요."

엄마 아리랑

바람개비는 어린 시절 가장 단순하면서도 환희를 주던 놀이기구였다. 빨강, 파랑, 노랑 삼색이 바람 따라 돌아가던 바람개비를 손에 쥐고 달리면 세상이 내 발걸음을 따라왔다. 그 단순한 기쁨은 훗날 담배 포장지에 인쇄된 색과 무늬에서도 떠올랐다. '아리랑' 담배의 포장지에 새겨진 춤추는 여인의 자태는 한국인의 정서를 담고 있었고, '학' 담배의 단아한 문양은 종종 종이접기 재료가 되어 학이나 방석, 냄비 받침으로 다시 태어났다. 전주 경각산 아래 술 테마 박물관의 담배 전시실에서 아리랑과 학 담배 포장지를 마주했을 때, 나는 마치 타임머신을 타고 어린 시절로 되돌아간 듯 아련한 향수에 젖었다.

'학' 담배는 아버지가 곰방대에 담아 피우던 봉초였다. 지정된 날짜에만 판매되던 시골 담배 가게에서 사 온 담배를, 새벽마다 아버지는 긴 곰방대로 피워 작은 창문을 열어 연기를 내보내셨다. 눈이 소복이 쌓이던 겨울, 빈 곰방대를 호기심에 빨아본 일이 있었다. 곰방대 속에 찌든 니코틴 냄새는 역겨워 한동안 토악질을 했고, 그 순간 비로소 어른의 세계와 금단의 영역을 어렴풋이 알았다.

담배는 임진왜란을 통해 전해 내려온 기호품이라 한다. 해방 직후 전매청은 '승리'와 '장수연'을 내놓았고, 아버지가 즐기시던 봉초는 풍년초, 수연, 학 세 가지였다. 담배가 귀하던 시절에는 잘게 썬 잎담배를 종이에 말아 피우기도 했다. 아버지는 쌈지에서 담배를 꺼내 하얀 종이에 곱게 펼쳐 김밥 말듯 돌돌 말았다. 옆구리에 침을 발라 붙이고 불을 붙이면 필터 없는 담배가 완성되었다. 새끼손가락만 한 담배를 빨아들이시던 아버지의 모습은 어린 눈엔 한없이 멋져 보였다. 그러나 애연가였던 아버지도 세월을 거슬러 1970년대 말 대학병원 권고로 담배를 끊으셨다. 아이러니하게도 그 무렵 어머니가 담배를 배우셨으니, 삶의 균형이란 묘한 것이다.

내가 직접 담배를 사서 피우기는 스무 살부터다. 아버지가 입원해 계시던 광주에서 공무원 시험을 치른 뒤, 낙방의 허탈감 속에서 친구들과 나눈 것이 아리랑 담배였다. 값은 처음 200환에서 해마다 치솟아 5,000원까지 올랐으니, 담배 한 값에도 역사가 보인다.

전주 태평동에 있던 전매청 연초 제조창은 1914년 철도역과 더불어 들어섰고, 1937년 전국 최대 규모를 자랑한 담배 공장이었다. 하루 종일 쏟아져 나오던 담배 공장 연기와 냄새는 시내를 가득 채웠다. 하수구로 흘러나오던 폐수에서 피어오른 수증기마저 담배 냄새를 머금었다. 담배는 산업이었고, 생계였으며, 도시의 공기와 풍경이었다.

군대에 입대하면서 담배 피우기가 일상이 되었다. 논산훈련소에서 '화랑', 자대에서 '충성'을 배급받으며, 담배는 고된 훈련과 피곤을 달래는 소품이었다. 필터 담배를 물어야 진짜 어른이 된 듯 뿌듯했던 시절이다. 제대 후에도 나는 한동안 수정, 청자 같은 담배를 피웠다. 그러나 봉초를 피우시는 부친에게 죄책감이 들어 금연 했다.

아리랑 담배 때문에 집을 태울 뻔한 사건도 있었다. 어린 시절, 누님 댁 안방에 놓인 재떨이에서 담배를 꺼내 피우다, 누님이 들어오는 소리에 불붙은 담배를 이불 속에 숨겼다. 얼마의 시간이 흐른 후, 방 안에 연기가 가득 했다. 안사돈이 달려와 이불을 펼쳤고, 하마터면 큰불이 날 뻔했다. 신혼살림의 예단 이불을 태운 죄로 나는 바늘방석 같은 시간을 보냈고, 그날의 두려움은 내 금연 결심의 씨앗이 되었다.

세월이 흘러 해외여행이 자유화로 여행길, 김포공항 면세점에서 아리랑 담배를 발견했다. 어린 날의 기억이 떠올라 어머니께 사다 드렸더니, 어머니는 마을 사람들과 담배를 나누며 "우리 아들이 사 온 담배"라 자랑했다. 그 모습은 담배라는 기호품을 넘어 가족의 정과 나눔의 실천이었다. 그러나 요양원에 입소한 어머니도 금연하셨고, 아리랑 담배 구매는 끝이 났다.

지금 돌이켜보면 담배는 단순한 습관이나 기호품이 아니었다. 담배는 아버지와 어머니의 세대, 한국 사회의 근 현대, 나의 청춘과 방황이 응축된 문화적 매개였다. 바람개비의 색깔처럼, 담배 연기는 빨강, 파랑, 노랑의 연기 속에서 나는 지나간 시간을 본다. 아리랑 담배에는 우리가족의 역사와 추억이 묻혀 있다.

(2023)

은비녀의 옆모습

외손녀의 얼굴에서 나는 종종 어머니의 유전자를 발견한다. 계란형 얼굴에 단호한 말투, 성큼성큼 내딛는 걸음걸이까지 닮아보여 놀랄 때가 많다. “씨도둑은 못 한다.” 하시던 어머니의 말씀이 귓가에 생생하다. 손녀와 증손녀에 이르기까지 이어진 표정과 기질은, 어머니가 남기고 간, 살아 있는 유산이다.

내게 어머니의 옆모습은 언제나 비녀와 함께 기억한다. 동백기름에 윤이 나도록 빗어 넘긴 머리에 은빛 비녀를 꽂으신 모습은, 역사극 주인공 자태보다 곱다. 그러나 그 비녀는 언제나 생계와 맞닿아 있었다. 밭곡식을 이고 장터로 향할 때도, 저수지에 들어가 우렁이를 잡을 때도, 뒷머리에는 늘 비녀가 있었다.

애지중지하던 옥비녀를 우렁이 잡다 잃어버리셨을 때, 어머니는 참으로 애통해하셨다. 일본으로 수출되던 우렁이는 제법 쏠쏠한 수입이 되었으나, 농약이 살포되면서 서식지가 줄어들었고, 논에서 사라진 우렁이를 저수지까지 들어가 잡기 시작했다. 수영을 못하던 아낙들이 저수지에서 죽었다는 소문이 잦았다. 그 후 어머니는 나무를 다듬은 비녀나 젓가락을 머리에 꽂고 나가셨고, 어렵사리 마련한 은비녀는 외출 때만 곱게 꽂으셨다.

1970년대 어느 날, 익숙한 은비녀 대신 보자기를 두른 어머니의 모습이 낯설게 다가왔다. 허리까지 내려오던 머리카락을 가발 업자에게 팔아 버스 차비를 마련하셨던 거였다. "머리는 다시 자라니 괜찮다." 담담히 웃으셨지만, 짧아진 머리를 수건으로 가린 뒷모습은 도무지 익숙하지 않았다. 나는 그 돈으로 과자며 군것질하며 허투루 써버렸다. 뒤늦게 깨달았다. 여인이 머리를 자른다는 것이 얼마나 큰 결단이었는지를…….

세월이 흘러 요양원에서 다시 뵌 어머니의 머리에서 뜻밖의 검은 빛을 본 적이 있다. 막내 여동생 친구가 "회춘하셨네." 하고 웃었고, 우리는 잠시 젊은 시절의 어머니를 떠올렸다. 나는 조심스레 물었다. "전에 쓰시던 은비녀는 어디에 두셨어요?" 한참 창밖을 바라보시던 어머니는 조용히 대답하셨다. "네 형수가 달라고 해서 주었다."

은비녀를 내어주신 어머니는 아들의 장례식장에서 며느리를 사흘간 꼬박 기다리셨다. 끝내 오지 않은 며느리를 기다리던 모습이 너무 쓸쓸해 보였다.

내 기억 속 어머니의 옆모습은 이제 한 폭의 풍경처럼 남아 있다. 비녀를 꽂은 머리, 밭으로 향하던 빠른 걸음, 짧아진 머리를 수건으로 감싸셨던 모습…. 단순한 개인의 추억이 아니라, 가족의 삶을 지탱해 온 여성의 희생이자 시대의 흔적이었다.

어머니가 돌아가신 한 달 후, 외국에서 돌아온 딸과 외손녀의 얼굴과 웃음에서 나는 어머니 모습을 발견했다. 어머니는 떠나셨으나 닮은 표정과 몸짓 속에 여전히 살아 계신다. 어머니의 뒷모습은 단순한 여인의 자취가 아니라 세대를 넘어 이어지는 생명의 형상이다.

삶이란 결국 사라짐과 남겨짐의 반복이다. 사라진 것은 추억 속에서 살아남고, 남겨진 것은 다시 아이들을 통해 이어진다. 비녀 하나에도, 잘려 나간 머리카락에도, 어머니의 희생과 사랑이 깃들어 있었다.

나는 이제야 깨닫는다. 옆모습이 앞모습보다 오래 남는다는 것을…….

절구통과 어머니

빈집 마당으로 바람이 휑하니 몰아쳤다. 큰방과 거실 중간의 대나무 와상 틀에 검은 녹과 찌든 먼지가 겹겹이 쌓여 있었다. 걸레질이 멈춘 지 오래서일까. 대나무 살 사이 깨진 틈에도 주름 때가 끼어 있었다. 마당에 들어설 때마다 눈에 띄던 커다란 간장 항아리도 이제는 보이지 않는다. 어머니가 요양병원에 들어가신 뒤 달라진 풍경이다. 사라진 항아리는 원래 뒤 안 장독대 있던 씨 간장 항아리였다. 수도가 들어오면서 장독대는 본채와 아래채 사이로 옮겨졌다. 그 무렵 어머니와 함께 항아리를 들어 양지 바른 모퉁이에 새 자리를 잡아주었던 기억이 생생하다. 작두 샘을 쓰던 집에 수돗물이 들어온 지도 벌써 삼십 년이 지났다.

절구통은 아직도 아래채 처마 밑에 고인돌처럼 남아 있다. 백 년 지난 고가古家의 검은 기와와 맞닿은 아래채 지붕은 이제 회백색으로 바랬다. 본채 뒤뜰 옹벽은 태풍 '난마돌'에 무너져 파란 비닐에 가렸고, 아랫방 창살에 붙은 문풍지가 바람에 펄럭인다. 부러진 문살 방

안에서 금방이라도 고양이가 튀어나올 듯했다. 여름 뙤약볕을 견디던 황토 마당의 잔디 끝도 노르스름하게 시들었다.

처마 아래 산바람과 해풍이 드나들던 자리에 간장 항아리와 절구통이 있었다. 시간이 흐르면서 간장독은 자리를 옮겼고, 절구통도 자리를 옮겨갔다. 수도꼭지 옆으로 밀리다가 결국 아래채 처마 밑으로 내려갔다. 그렇게 밀려난 절구통도 일 년에 한 번은 어머니에게 매를 맞아야 했다.

음력 이삼월에 밥상에 콩을 펴고 선별한 콩 서너 말을 불려 장작불에 삶았다. 마당에서는 큰 솥에서 잘 익은 콩의 구수와 냄새는 뜨겁게 피어오르는 김 속에서 퍼져 나왔다. 노모는 저고리를 벗고 떡메를 휘두르며 절구질했다. 절구통 속에서 메주콩은 신음을 토해냈다. '철퍽, 처얼퍽' 소리에 뜨거운 김이 모락모락 올라왔다. 어머니 이마에도 송알송알 땀이 맺혔다. 보다 못한 내가 떡메를 들어 도왔지만, 공력은 역시 어머니 몫이었다.

음양의 조화일까. 수없이 맞은 매질 끝에 콩은 질퍽한 반죽으로 변해간다. 원재료가 부서지고 합쳐져 마침내 새로운 형태로 변하는 순간이다. 해탈의 경지에 이른 듯 매끈해진 메주는 윗방과 작은방에서 며칠 숨을 고른 뒤 처마 끝에 매달린다. 겨울을 지나며 숙성된 메주는 곰팡이와 함께 간장과 된장으로 형제들에게 나눠줬다.

어머니는 절구통을, 지푸라기를 뭉쳐 깨끗이 닦으셨다. 나는 입대하던 해를 기억한다. 친구들과 밤새 송별주를 마시고, 새벽녘 수처구멍 앞에서 토악질을 했다. 그때 안주를 장만해 주신 어머니는 절구통 안을 박박 문질렀다. 좋은 음식을 토해내도록 마신 아들 친구들에게 말 한마디 안 하고 뒷정리만 묵묵히 처리했다. 절구통은 그때에도 말없이 집안의 부끄러움과 환희를 지켜보았다.

절구통은 일제 강점기 때 만들어진 화강암 석조물이다. 소금을 팔아 돈을 번 선친이 거금을 주고, 마을 장정 10여 명을 동원하여 울력으로 수십 리 공장에서 특별 주문으로 가져온 석물이다. 다른 집 맷돌이나 다듬잇돌과 달리, 우리 집 절구통과 다듬잇돌과 맷돌은 크기도 크고 깊었다. 장구 모양의 두툼한 몸통, 깊은 속살이 푸르스름한 쑥색이 보이는 귀한 석물이다.

그 안에는 간식거리가 되던 올벼쌀과 밀가루를 만들던 허기와 기쁨이 함께 담겼다. 절구통이 음물이라면, 절굿공이는 양물이다. 공이를 함께 움켜쥐고 두 사람이 번갈아 내리칠 때면, 절구질 소리 속에서 가족의 호흡이 맞아떨어졌다. 입안에 퍼지던 누르스름한 올벼쌀의 고소한 맛이 아직도 혀끝에 남아 있다.

어머니의 팔십 평생 손길이 머물던 절구통에 손길이 멈춰있다. 매끈하던 속살에 이끼가 끼고, 바람에 날린 티끌이 쌓여있었다. 제아무리 집안의 가보라 한들, 손길이 닿지 않으면 그저 돌덩이에 불과하다. 울력으로 절구통을 나르던 마을 사람들은 모두 세상을 떠났다. 팔 남매가 떠나간 집안의 절구통 쓰임도 줄어들었다.

그러나 절구통은 단순한 살림살이가 아니었다. 그것은 집안의 뿌리를 기억하는 하나의 증언이자, 세월을 품은 돌덩이다. 한때는 온 가족이 둘러앉아 콩을 고르고 떡메를 휘두르며, 계절의 리듬에 따라 노래처럼 쓰이던 도구였다. 하지만 지금은 대문간 바람에 먼지를 뒤집어쓴 채, 말없이 그 자리를 지킨다.

어머니의 손길이 멈춘 절구통의 속살은 다시 돌덩이에 불과하다. 빛나던 화강암의 때깔은 사라지고, 바람에 날린 티끌만 쌓여 있다. 그러나 나는 안다. 그것은 단순히 오래된 도구가 아니라, 세월의 깊이를 간직한 집안의 기억 그릇이라는 것을…….

이제 절구통은 더 이상 소리를 내지 않는다. 하지만 침묵 속에서도 그 안에는 수많은 이야기가 울리고 있다. 어머니의 땀방울, 아버지의 흔적, 어린 시절의 기억, 그리고 젊은 날 내가 살던 아래채…. 절구통은 집안의 세월을 통째로 받아내고, 그 안에서 우리를 길러냈다.

세월이 흘러 울력으로 절구통을 나르던 사람들은 모두 흙으로 돌아갔고, 노모의 손길도 멈췄다. 이제 절구통은 누군가를 기다리는 망부석望婦石처럼 덩그러니 남아있다. 하지만 그 고요한 기다림 속에서 나는 어떤 울림을 듣는다. 모든 것은 손길이 닿을 때 살아나고, 기억될 때 다시 빛난다.

앞닫이와 삼베 수의

"이제는 준비해야겠다."

혼수상태의 어머니를 면회한 큰누이가 조심스레 내뱉은 말이다. 다가올 일을 준비하지 않을 수 없는 순간이었다. 코로나로 온 나라가 얼어붙은 5월, 중환자실에 계신 어머니를 뵙기 위해 팔 남매가 차례로 내려왔다. 우리는 장례식장을 미리 살펴보고, 영정사진을 준비하며 마음을 다잡았다.

그때 큰누이가 물었다.

"엄마 앞닫이, 아직 그대로 있지?"

나는 무심히 대답했다. "있어, 작은방에." 막내가 고향집을 지키고 있었으니, 그 속에 어머니가 마련해 두신 수의도 잘 간직되어 있으리라 생각했다.

꼭두새벽 병원에서 전화가 걸려왔다. 알부민 주사를 놓아야 한다는 연락이었다. 우리는 이미 '연명치료를 하지 않는다.'라는 합의를 했음에도, 막상 의사의 물음에 거절할 수 없었다. 결국 승낙했고, 이른 아침 달려가 보니 어머니는 언제 그랬냐는 듯 의식이 또렷하게 되돌아 왔다.

한편 고향집에 다녀온 큰누이는 앞닫이에서 가져온 삼베 수의를 꺼내 놓았다. 그것은 어머니 생일과 겹친 윤달을 맞아 직접 장만해 두신 옷이었다. "윤달이나 생일 달에 수의를 준비하면 오래 산다."라는 속설을 믿었을 것이다. 30여 년 전 장만한 수의는 아직 새 옷처럼 곱게 접혀 있었다. 그 순간 선친의 마지막 모습이 떠올랐다. 삼베 수의에 감싸여 흙으로 내려지던 아버지, 그 눈가로 솟구치던 핏물이 내게는 지워지지 않는 최후의 모습이다.

앞닫이는 단순한 장롱이 아니었다. 나의 첫 봉급으로 사드린 빨간 내복을 보관하던 곳, 부모님의 인감도장과 서류가 들어 있던 서랍, 팔 남매의 옷가지가 차곡차곡 쌓였던 공간. 그러나 내 마음속에 앞닫이는 또 다른 기억의 창고이다.

중학교 졸업을 앞두고 고등학교 진학을 꿈꾸던 어느 날, 아버지는 나를 불러 말씀하셨다. "네가 전주로 고등학교에 가면 막내는 중학교를 포기해야 한다." 이미 빚은 눈덩이처럼 불어나 있었고, 형님과 누님은 학업조차 이어가지 못했다. 나는 끝내 고개를 저었다. "안 돼요, 동생도 장학금을 받을 텐데" 침묵 끝에 한 말이 아버지를 자극했다. "가르치지도 못할 자식을 왜 낳으셨어요?" 갑작스러운 아들의 반박에 아버지의 표정이 일그러졌다. 분노한 아버지가 목침을 들었고 나는 일서서 앞닫이 곁으로 도망갔다. 아버지의 손에서 빠져나온 목침이 앞닫이 문짝을 세차게 때렸다. 그때 목침 모서리에 찍힌 움푹 들어간 자국은 지금도 선명하다. 그날 여파로 여동생이 진학했던 과거를 상처는 기억한다.

세월이 흘러 앞닫이는 장롱에 밀려 작은방으로 물러났으나 여전히 집안 한 켠을 지키고 있다. 나프탈렌 냄새 가득한 그 속에는 부모님의 삶과 팔 남매의 추억이 함께 보관되어 있다. 그리고 이제는 삼베 수의가 그 자리에서 밖으로 외출했다.

나는 문득 생각한다. 죽음은 단절이 아니라 또 하나의 보관일지도 모른다고. 앞닫이 속에 곱게 접혔던 수의도 언젠가는 밖으로 나와 화장터나 땅속으로 사라진다. 삼베 수의는 사자가 입는 마지막 외출복이지만, 그것은 사라짐의 표식이 아니라 남겨짐의 증거이다.

어머니께 그 수의를 입혀드려야 할 날이 가까워진다. 그러나 그것은 단순한 끝맺음이 아니다. 앞닫이에 남은 자국처럼, 사랑과 희생의 흔적은 지워지지 않고 우리 삶 속에 각인된다. 죽음은 삶을 지우는 것이 아니라, 남겨진 이들에게 삶을 새겨 넣는 방식이다.

나는 마음속으로 작은방 앞닫이를 열어보는 상상을 한다. 그 안에 보관된 수의는 어머니의 마지막 메시지였다. 삶을 담담히 정리하고, 자식들에게는 그리움과 기억을 남기라는……. 언젠가 내 가슴안의 앞닫이가 열리는 날, 내 아이들은 무엇을 발견할까. 아마도 눈에 보이는 물건보다 더 깊은, 한 생애의 흔적일 것이다.

죽음은 끝이 아니다. 그것은 또 다른 시작이며, 기억 속에서 이어지는 삶이다. 앞닫이 속 삼베 수의처럼, 우리는 언젠가 기억의 장롱 속에 숨어서도 여전히 살아 숨 쉰다.

장화 한 짝

설날에 남원에서 지인이 보내온 엿 상자를 열었다. 아내는 다른 친지에게 선물하자고 했지만, 나는 고개를 저었다. 상자 속에서 꺼낸 엿을 "툭" 하고 부러뜨리니 가운데 숭숭 구멍이 나 있었다. 엿장수에게 고무신과 바꿔 먹던 옛날 엿 맛이 그대로 살아 있었다. 그 단맛은 오래전 잃어버린 장화 한 짝의 기억을 불러냈다.

그 장화는 초등학교에 막 입학한 막내 남동생의 새 신발이었다. 네 살 터울의 여동생과 함께 2킬로 등하굣길은, 신작로는 멀리 돌아가야 했으나, 지름길은 방천을 건너는 논두렁길이었다. 그 길에는 저수지에서 흘러나온 물길과 도랑이 막았다. 도랑에는 쉬리와 붕어가 많아, 하굣길이면 책보를 벗어두고 고무신에 물고기 잡기도 하던 곳이다.

그러던 어느 여름, 장마가 시작된 광복절이었다. 물이 불어난 개울을 건너던 막내가 그만 장화를 물속에 빠뜨렸다. 불어난 도랑을 누나의 재촉에 용기를 내 뛰었으나, 한 치수 큰 장화 한 짝이 벗겨져 빠른

물살에 휩쓸렸다. 그것은 주황색 테두리가 둘린 '진양표' 장화였다. 생고무 바닥이 주황색으로 빛나는, 일곱 남매 누구도 신어본 적 없는 귀한 신제품이었다.

막내는 울며 돌아왔고, 어머니는 애꿎게 여동생만 나무랐다. 장마철을 대비해 어렵게 장만한 장화였으니, 부모의 속상함은 이만저만이 아니었다. "장화를 찾으러 물속에 들어가지 않은 것이 다행이라며 생사람 죽을 뻔했다."라고 말씀하셨지만, 부모님 얼굴엔 아쉬움이 묻어 있었다.

나는 장화를 꼭 찾겠다고 마음먹었다. 비가 개고 햇살이 내리쬐던 다음 날, 제방으로 달려갔다. 물은 이미 불어나 논과 들판을 덮고 있었다. 범람한 개울은 강처럼 변해 논두렁의 경계조차 사라졌다. 나는 방천을 따라 십 리 게울 물길 따라 바닷가까지 내려갔다. 그러나 장화는 보이지 않았다.

대신 바닷가 모래 위에는 민물에서 떠 밀려온 붕어와 민물고기들이 숨을 헐떡이며 널려 있었다. 홍수로 밀려온 장어 몇 마리가 살아 꿈틀거렸다. 나는 그중 큰 놈 두 마리를 고무신에 담았다. 햇볕에 뜨거워진 백사장, 모래 위에서 미끄러지듯 몸부림치던 장어의 감촉은 미끈거림이었다.

그러나 장화는 끝내 찾지 못했다. 남은 한 짝은 마루 밑에 두었다. 장마가 지면 아쉬움에 꺼내 본 허전한 외짝이었다. 세월이 흘러 새마을 운동으로 제방이 정비되고, 좁던 신작로가 넓혀져 버스가 들어왔다. 마을의 풍경은 변했지만, 마루 밑의 장화 한 짝은 나의 마음속에 그대로 남아 있었다.

다음 해 봄 어느 날, 대분 앞에 엿장수가 왔다. 리어카에는 엿판이 실려 있었고, 엿장수는 고무신, 빈 병, 비닐을 가져오라고 외쳤다. 나는 마루 밑에 숨겨둔 장화 한 짝과 요소비료 포대를 내주었다. 엿장수는 그것을 받고 숭숭 구멍 뚫린 엿을 건네주었다.

나는 엿을 깨물며 허전한 마음을 삼켰다. 사라진 장화 그 속에 깃든 시간과 안타까움만 남았다. 1970년대 농촌의 가난과 아이들의 생활상, 부모의 속정이 고스란히 베어져 있다.

세월이 흘러 이제는 장화도, 엿장수도, 물물교환 풍속은 사라졌지만, 숭숭 구멍 난 엿처럼 그 시절의 기억이 생생하다.

(2022)

젖통마개

장마가 끝난 뒤에도 열대야가 이어지던 어느 여름 아침이었다. 출근 차 안에서 오르며 무심코 던진 한마디에 아내에게 핀잔을 들었다. 골목길을 오르던 노인의 차림새가 눈에 거슬려, 어린 시절 말버릇대로 "젖통 마개도 없이 다니네."라고 중얼거린 것이 화근이었다. 큰누나뻘 되는 분을 두고 그런 말을 입에 올리다니, 작가랍시고 글 쓰는 사람이 너무 가볍다는 게 아내의 지청구였다.

사실 그 표현은 어릴 적부터 익숙한 단어였다. 외래어 '브래지어'를 몰랐다. 나는 브래지어 단어 대신 '젖통 마개'라 불렀다. 지금 생각하면 엉뚱하지만, 그 나름의 순진한 명명법이었다. 그러나 아내의 정색한 반응 앞에서 은근히 화가 나기도 했다. 잘못된 말은 아니라고 자신 스스로를 변명하면서도, 왜 아직도 그 말이 입에서 튀어나온 걸까 곱씹게 되었다.

어머니는 평생 브래지어를 착용하지 않으셨다. 여름이면 마을 공동 우물터에서 아낙들이 서로 등을 밀며 등목하곤 했다. 식수용과 장방형 빨래터는 언제나 사람들로 붐볐다. 개구쟁이였던 나는 그곳에서 차가운 샘물을 뒤집어쓰고 놀다가 어른들에게 꾸중을 듣기도 했다. 그런 환경에서 브래지어란 말도 실물도 본 적이 없었으니, 나도 몰래 '젖통 마개'라는 신조어를 내 뱉은 것이 신기한 일이다.

초등학교 6학년 무렵, 옆집 여자 친구의 몸이 변해가는 것을 알았다. 어느 날 봉긋 솟아오른 가슴을 덮은 천 조각을 보고 "젖통 마개 했네!"라고 소리쳤다가 호되게 쫓겨 다녔던 기억도 있다. 그때 처음으로 누나들도 가슴을 가리고 옷을 입는다는 사실을 알게 되었다. 사춘기의 호기심과 철없는 농담이 만들어낸 부끄러운 추억이다.

중학생이 되면서 나는 더 가까이에서 '젖통 마개'를 떠올리게 되었다. 들일을 마친 어머니께 등목을 시켜드리곤 했는데, 차가운 작두 샘물을 퍼 부으면 여덟 남매를 키우신 세월의 흔적이 고스란히 배인 젖가슴이 드러났다. 장난삼아 손으로 만져보면 어머니는 "간지럽다." 하시며 벌떡 일어나셨다. 그 모습 속에서 나는 '브래지어 없는 삶'이 당연한 줄 알았다.

뒤늦게 알았지만, 유명 속옷 회사가 창립된 것은 내가 태어나던 1950년대 후반이었다. 내가 중학생이 되어 세상 물정을 조금씩 알게 되면서야 '브래지어'라는 외래어를 알았다. 그러나 그것은 늘 도시적이고 먼 이야기였다. 우리 마을 어머니들과 할머니들은 갑갑한 속옷 대신, 맨몸으로 바람을 맞으며 살았다.

세월이 흘러 최근에는 브래지어 착용을 거부하는 연예인들도 있다. 천변 산책로에서도 착용하지 않은 사람들이 눈에 띈다. 와이어로 가슴을 죄는 불편에서 벗어나고 싶은 욕망을 탓할 일도 아니다. 겉모습보다 건강이 우선이라는 말에는 고개가 끄덕여진다. 남성 연예인들 중에도 속옷을 입지 않는 것이 패션의 완성이라 말하는 이들도 있지만, 그 변명에는 선뜻 동의하기 어렵다. 다만 수영장이나 헬스장에서 속옷 없이 활동하는 모습은 흔한 풍경이 되었다.

문화는 이렇게 변해왔다. 장발 단속과 통금이 사라지던 1990년대, 배꼽티를 입은 청소년들을 보고 어른들은 "말세의 징조"라며 혀를 찼다. 하지만 바로 그 세대가 지금의 사회를 이끌어가고 있다. 결국 '노출'에 대한 관점은 시대와 세대에 따라 달라질 뿐이다.

여름 한철, 무더위가 기승을 부릴 때면 어디까지 허용할 것인가를 두고 늘 논란이 인다. 그러나 적어도 노인들의 '노브래지어'만큼은 탓할 일도, 죄줄 일도 아니다. 그 모습은 시대와 삶의 무게가 만들어낸 자연스러운 풍경일 뿐이다.

아침에 아내의 잔소리를 들으며 나는 다시금 어머니를 떠올렸다. 삼복더위 마당에서 시원한 물로 등목 하던 그 시절, 쪼그라든 가슴마저도 자식들에게는 웃음과 따스한 추억이 되었다. 나에게 '젖통 마개'란 결국 어머니의 삶과 연결된, 서툴지만 진솔한 언어였다.

장작에 담긴 사연

"내가 죽으면 남겨놓은 장작으로 옷가지를 태워라."

어머니는 몇 차례 그렇게 말씀하셨다. 모닥불 속 장작이 형체 없는 재가 되듯, 언젠가 어머니의 육신도 사라질 날이 다가오고 있음을 암시하는 듯했다.

21세기 초만 해도 상여가 떠난 뒤 고인의 옷가지와 소지품을 태우던 풍습이 있었다. 그냥 불에 태우면 될 것을, 굳이 장작으로 태우라 하신 까닭을 그땐 알 수 없었다. 석유나 가스보일러 사용 전, 연탄보일러가 주류였으나, 우리 고향집 아래채 부엌에는 40년 지난 마른 장작이 그대로 남아 있다.

십여 년 전 추석 전날, 송편을 찌겠다고 어머니가 드럼통 화덕을 마당에 설치하라 하셨다. 나는 아래채에 있던 장작을 꺼내 불을 지폈는데, 불길이 활활 일자 어머니가 황급히 뛰어나와 타던 장작을 빼내어 수돗물을 끼얹으셨다. 메케한 연기가 피어오를 때, 나는 불만 섞인 목소리로 따졌다.

"그냥 타게 놔두시지. 왜 물을 뿌려?"

"야 이놈아, 그 나무가 어떤 나문데 쓸데없이 태우느냐."

평상에 앉은 한참 동안 어색한 침묵 끝에 말씀을 이으셨다.

"그 장작은 네가 군대 가기 전에 쌓아 둔 장작이다."

나는 순간 할 말이 없었다. 1979년 봄, 내가 입대 전 일이다. 나라는 간첩 침투와 민주화 항쟁, 계엄령으로 가장 혼란했던 국내 상황이었다. 나는 입대 전 뜨거운 여름철 소여물을 쑤시는 어머니를 위한 단순한 목적으로 장작을 마련했던 사실을 까맣게 잊고 있었다. 하지만 어머니는 그 장작을 내 빈자리를 메우는 벗처럼 오래 보관했던 모양이다.

"너도 자식 군대 보내고, 결혼시키고 나면 내 마음을 알 거다. 오랜만에 왔다가 금세 떠나가면 얼마나 허전한지, 그럴 때마다 난 장작을 바라본다."

그제야 나는 깨달았다. 어머니에게 장작은 땔감이 아니라, 부재한 아들을 대신하는 기둥 같은 존재였다.

세월이 흘러 나도 아들과 딸을 군대에 보냈다. 연평도 포격 사건이 터지던 날, 아들의 생일과 딸의 휴가가 겹쳤다. 긴급 복귀 명령을 받고 울먹이던 딸을 보며, 당시 어머니의 마음을 비로소 이해하게 되었다. 천안함 사건과 연평도 포격… 그 격랑 속에서 장교였던 딸과 사병인 아들 때문에 가슴 조였다. 딸의 사관학교 입교 당시 나는 하염없이 울었기에 어머니의 심경을 물었다. "나 군대 갈 때 어머니도 울었어요?"

나는 때 지난 옛일을 물어 보았다.

어머니가 조용히 대답했다.

“야야, 네가 아버지 사형제, 아들 중에 처음으로 군대 가던 날, 치맛자락이 흥건하도록 울었다. 버스가 떠난 방향만 보아도 눈물이 앞을 가렸지.”

그 말을 듣는 순간, 평상 위로 번진 연기와 함께 내 눈시울도 뜨겁게 젖어들었다.

내가 쌓은 장작은 단순한 여물 끓이는 땔감에 불과 했으나, 어머니 손에선 세월을 지탱해 온 도구였던 셈이다. 전역 후 타지에서 대학을 졸업과 동시에 결혼하고 직장 다니는 동안 잊어버린 장작을, 긴긴 세월 자식 바라보듯 아껴둔 것이다.

그래서 “내가 죽으면 그 장작으로 옷가지를 태워라.”라는 말씀은 단순한 유언이 아니었다. 아들을 기다리던 세월, 그리움과 눈물의 상징이 된 장작으로 마지막 길을 함께 하고 싶다는, 어머니다운 결단이었다.

장작은 이제 단순한 땔감이 아니었다. 그것은 세월의 응축된 기억, 사라진 시간의 증언이었다. 수십 년 동안 마르고 말린 나무토막들은, 실은 어머니가 살아온 날들의 무게였다. 장작이 불길 속에서 타올라 재가 되듯, 인간의 육신도 언젠가는 소멸한다. 그러나 타오른 불이 따스함과 연기를 남기듯, 어머니의 삶 또한 우리에게 사랑의 흔적과 기억의 향기로 남는다.

어머니가 원하신 것은, 단지 장작불로 옷가지를 태우는 의례가 아니었다. 그것은 한 세대의 삶과 기다림이 불꽃으로 환원되어, 기억으로 승화되길 바라는 뜻은 아니었을까? 장작은 재가 되어 바람에 흩날려 사라지겠지만, 그 순간 불길 속에서 피어오르는 연기는 자식들의 가슴속에 지워지지 않는 흔적을 남길 것이다.

삶은 결국 불붙은 장작과 같다. 타오를 때는 뜨겁고, 사라질 때는 덧없지만, 남은 재와 연기는 누군가의 기억 속에 오래 머문다. 어머니의 말씀은 그런 이치를 꿰뚫은 예언 같았다. 그래서 나는 다짐한다. 언젠가 그 장작이 불길로 타오를 때, 그 연기 속에서 나는 다시 한 번 어머니를 볼 것이다.

(2022)

홍시와 외할머니

예전 우리 집에는 대추나무 한 그루만 샘가에 자랐다. 감나무는 없었다. 윗집과 아랫집에는 감나무가 있어, 가을이면 가지마다 붉은 홍시가 주렁주렁 달렸다. 까치밥으로 남겨둔 홍시는 어린 내 눈에는 아득한 하늘에 걸린 별처럼 보였다. 담장 아래 떨어진 감꽃을 주워 목걸이를 만들기도 하고, 출출할 때는 떫은 감꽃을 씹어 먹기도 했다. 간식이 귀하던 시절, 감꽃은 다디 단 추억이었다.

세월이 흘러 모악산을 내려오다 본 늦은 홍시가 옛 기억을 흔들었다. 선운사와 내장사 고목 가지 끝에 매달린 홍시는 까치들의 몫이었다. 까치들이 떼 지어 몰려와 스스로 밥상을 엎어버리는 장면은 어쩐지 인생의 허망함을 닮아 보였다.

홍시 하면 외할머니가 떠오른다. 외할머니는 감을 유독 좋아하셨다. 부안 고모 댁에서 가져온 먹시감을 지나치게 드시고, 침을 질질 흘리며 고생하시던 모습이 떠오른다. 홍시를 따려다 던진 돌에 깨진 은색 대야 값을 물었던 어린 시절 아픈 기억도 있다. 홍시는 늘 달콤

했지만, 그 끝에는 어김없이 아린 기억이 따라왔다.

1982년 추석 뒤, 군산행 직행버스에서 잊지 못할 장면을 보았다. 흰 저고리 차림의 두 할머니가 정류장도 아닌 길 위에서 차를 세웠다. 먼저 오른 할머니가 자리에 앉기도 전에 동생이 홍시 하나를 꺼내 언니의 입에 억지로 넣어주었다. "어서 먹어, 언니." 언니는 울먹이며 대답했다. "이제 헤어지면 언제 만나냐." 동생은 다시 눈물로 치마폭을 적시며 나머지 홍시를 쥐여 주고 내려갔다. 버스가 출발하자 언니가 울었고, 그 울음은 버스 소음과 함께 구곡간장이 녹는 듯 깊게 파고들었다. 내 코끝도 시큰해졌다.

그로부터 한 달 뒤, 외할머니 부음을 전해 들었다. 추석이 지난 장날, 어머니가 장터에서 사드린 홍시를 드신 채 조용히 눈을 감으셨다고 했다. 생의 마지막 순간에 입안에는 붉은 홍시의 뒷맛만 남았다. 한 알의 과일이 삶을 닫는 열쇠가 되었다는 사실이 지금도 가슴이 아리다.

외할머니는 한국전쟁으로 남편과 아들들을 잃고 네 딸만을 키우신 분이다. "외가 없는 불쌍한 자식들"이라며 내 머리를 쓰다듬던 어머니의 목소리가 귓가에 맴돈다. 적은 연금으로 살림을 꾸리면서도 대학에 들어간 외손자에게 꾸깃꾸깃한 지폐를 쥐여 주셨다. 그 손길은 늘 따뜻했다.

그러나 세월은 무심했다. 외할머니 제사는 외사촌 형이 모셨지만, 해가 거듭되면서 점차 잊혀졌다. 코로나 이후로는 제사 풍습 자체가 간소화되었다. 이제는 조부모는 물론 부모 제사마저 생략하는 시대다.

그럼에도 홍시만 보면 외할머니가 떠오른다. 홍시는 나에게 단순한 과일이 아니다. 기다림과 이별, 삶의 한恨과 사랑을 응축한 상징이다. 홀로 기나긴 세월을 묵묵히 견디다가 재로 돌아가는 삶, 그러나 마지막 순간 붉게 남아 타인의 기억 속에 사라져 버린 외할머니의 삶이 그러했다.

빨간 홍시는 나에게 묻는다. 인간의 삶이란 무엇인가? 남은 이의 기억 속에 어떻게 매달릴 것인가? 그래서 나는 조용히 대답한다. 누군가의 기억 속에 오래도록 붉게 빛나는 홍시 한 알이 되고 싶다고…….

모양성과 어머니

요양병원으로 향하는 길, 마음속에서는 수많은 감정이 교차한다. 짧기만 한 면회 시간을 위해 오가는 길은 한없이 멀게만 느껴진다. 늦겨울의 공기는 잔설 속에 서려 있었고, 내 발걸음은 마치 사형수의 발걸음처럼 느릿느릿 무겁게 이어졌다.

고창 모양성에 도착하니 빠른 여덟 시. 텅 빈 주차장에 차를 세우고, 주인 없는 매표소를 지나 성곽을 한 바퀴 돌아보기로 했다. 둥근 성곽 입구는 무장읍성과 닮았다. 공북루를 지나 옥 터 뒷길을 오르니 서릿발이 황토 모자를 눌러쓰고 쑥 올라왔다. 그 서릿발 위로 조심스레 발을 내딛자, 서걱대며 주저앉는 소리가 가슴을 쓸어내린다. 흡사 노모의 여윈 살결처럼 서릿발은 이내 땅속으로 스러졌다.

성곽 위에 오르자, 찬바람이 옷 속 깊숙이 파고들었다. 눈 녹은 가장자리에 남은 얼음판을 밟으며 천천히 걸었다. 파카 모자를 뒤집어 쓴 채 발걸음을 세어 가니, 이 길을 함께 걸었던 기억들이 되살아났다. 봄이면 철쭉이 만발했고, 가을이면 낙엽이 흩날렸다. 그 길에서 나는 친지들과 함께 웃고 떠들었다. 그러나 지금, 바람 찬 성곽 위에는 무상한 세월만이 바람결에 흩날리고 있었다.

노송 주름살에 붙은 백설은 방장산 햇살을 받아 반짝였다. 그 고깔 같은 빛깔은 젊은 날 어머니의 가슴 선을 떠오르게 했다. 모양성제 공연에 어머니를 모시고 갔던 때가 있었다. 구십대 중반이었지만 손뼉을 치며 만면에 미소를 짓던 모습이 지금도 눈에 선하다. 불과 몇 해 전이었는데, 그 웃음은 이제 추억으로만 남았다.

걸음을 옮기다 등양루에 이르니, 현판에 적힌 준공 연도 '1978'이 눈에 들어왔다. 내가 사회인으로 공무원 시험을 준비하던 해다. 세월의 속도에 다시금 놀란다. 남치로 향하는 내리막길에서는 행여 미끄러질까 엉금엉금 내려가며, 지난 청춘의 무게를 되새겼다.

진서루는 등양루보다 1년 앞서 복원된 건물이다. 그곳은 1970년대 고등학교 국어 교과서 표지 사진의 현장이기도 했다. 한복을 입은 여인들이 머리에 돌을 이고 성곽을 도는 모습이 컬러 사진으로 실렸었다. 어머니 역시 그 시대에 모양성 답성놀이에 참가하셨다. 대문을 나서며 동백기름으로 머리를 빗고 비녀를 꽂으시던 모습이 아직도 눈에 아른거린다.

성벽 위를 거닐던 또래 여고생이 떨어져 불구가 된 잡지 기사도 떠올랐다. 그 친구도 이제 할머니가 되었을까? 인생이란 그렇게 흘러가는 것인지 모른다. 성곽 한 바퀴를 도는 데는 삼십 분이면 충분하다. 그러나 그 삼십 분 안에 나의 반세기 추억이 하나하나 스쳐 갔다.

성곽 밖 공덕비 군락을 지나며, 각 지역에서 동원된 사람들의 이름을 새긴 비석들을 만났다. 글씨는 비바람에 씻겨 희미했으나, 그 속에는 성을 쌓던 이들의 땀과 눈물이 고스란히 남아 있다. 수많은 장정 가운데 부상자도, 죽은 이도 있었으리라. 모양성의 돌 하나하나는 그들의 고통과 희생이 담겨 있다.

차로 돌아와 다시 길을 나서는데, 갑자기 '섬망'이란 단어가 떠올랐다. 여섯 해 전, 어머니가 응급실로 실려 갔던 새벽이었다. "괴성을 지르며 주사기를 빼내셨다."라는 간호사의 말에 가슴이 철렁했다. 엘리베이터 안에서 무의식 상태로 눈을 뜨셨을 때, 흰 가운을 입은 의료진을 저승사자로 오해하셨으리라. "야간 섬망"은 내게 단순한 병명이 아니라 인간의 생과 사를 잇는 경계의 언어로 남았다.

입원 전, 신채호 생가를 찾았을 때, 만난 사진작가가 부엌 문턱에 앉아 계신 어머니를 촬영했다. 후배는 흑백 영정사진 액자를 보내왔다. 어머니의 얼굴은 이미 영원의 배경 속에 들어앉아 계신다.

요양병원에 누워 계신 지금도 어머니는 기정떡 한두 개, 피순대 한두 개씩 드신다. 그러나 피골이 상접한 모습은 안쓰럽기만 하다. 자녀들과 막내 여동생 얼굴도 잊으셨지만 둘째 아들인 나만은 여전히 기억하신다. 그 사실이 얼마나 고마운지, 또 얼마나 서글픈지 모른다.

면회를 마치고 돌아오는 길, 다시 모양성을 바라본다. 수많은 이들의 혼이 깃들어 있는 성곽, 돌을 이고 성벽을 돌던 여인네들의 발자취, 그리고 젊은 시절 어머니와 나의 추억이 겹친다. 그곳에는 부엌 문턱에서 마지막 미소를 지으시던 어머니의 영정사진에 머물러 있다.

모양성은 더 이상 단순한 성이 아니다. 그것은 내게 삶과 죽음, 그리고 세대와 세대를 잇는 거대한 윤회의 상징이다. 어머니의 삶이 그 성벽처럼 오랜 세월을 견디며 쌓여 왔듯, 나 또한 언젠가 그 성곽의 돌처럼 한 시대를 붙들다 사라질 것이다. 그러나 성은 무너지지 않는다. 기억과 사랑, 그리고 눈물의 흔적이 계속 이어지기 때문이다.

돌아서는 발걸음에 바람이 스친다. 나는 안다. 어머니의 영정사진 미소는 사라지지 않는다. 그것은 성곽처럼, 계절처럼, 다시 돌아와 내 마음을 두드릴 것이다.

엎지러진 물

내가 열한 살 되던 해, 한여름 오후였다. 수십 명이 쉬던 당산나무 그늘에서 나는 뜻밖의 봉변을 당했다.

양철 물통을 비틀거리며 내려놓은 친구가 있었다. 물은 고작 서너 바가지 정도만 남아 출렁였고, 그가 지나온 신작로 흙길 위로 흘린 물이 두 줄로 이어져 있었다. 왜 이렇게 조금만 길어왔냐고 묻자, 친구는 물이 출렁거려 흘러버렸다고 대답했다. 그러더니 한마디 덧붙였다.

“너는 물통 두 개 지고 우리 집까지 못 갈 걸.”

두 살 어린 친구가 무시한다는 생각이 들었다. 호기롭게 말했다.

“물지게 벗어 봐. 내가 네 집까지 옮겨 줄께.”

건네받은 물지게는 내가 지고 다니던 지게와 같다고 생각했다. 허리를 구부려 쇠고리를 양철 물통 고리에 걸고 벌떡 일어서는 순간, 물이 좌 · 우로 요동쳤다. 흔들린 물통 따라 몸이 휩쓸리면서 순식간에 나자빠졌다.

와 하 하 하…….

정자나무 아래에서 두 사람을 지켜보던 마을 사람들의 웃음이 터졌다. 물은 멍석 사이로 순식간에 스며들었다. 친구는 물통을 재빨리 세웠지만 이미 빈 통이었다. 설상가상, 한 통은 바닥이 찌그러져 태가 튕겨 나가 벗겨졌다. 친구는 울음을 터뜨리며 물통을 고쳐 내라고 소리쳤다. 그 순간, 검정 고무신을 질질 끌고 달려 나온 어머니가 내 볼기를 내리쳤다.

"누가 너더러 물지게 지라 했느냐. 이놈아, 나가 죽어라!"

마을 사람들의 웃음소리, 울음 섞인 친구의 외침, 매미 소리까지 뒤엉켜 혼란스러웠다. 젖어버린 반바지를 부여잡고 나는 부끄러움에 친구가 걸어온 길로 뛰어나갔다.

어릴 적, 꿈꾸다 오줌을 싸서 바가지를 머리에 쓰고 소금을 얻으러 다녔던 봉변보다도 더 수치스러운 순간이었다. 철이 들었다고 생각한 열한 살, 사람들 앞에서 신발짝으로 볼기 맞은 것이 분했다.

'그래, 죽으라면 내가 못 죽을 줄 알고?'

마을 어귀를 벗어나 신작로를 따라 저수지 둑길로 무작정 걸었다. 뙤약볕이 작열하는 가운데 목이 말랐고, 밭둑에 불쑥 올라온 푸른 무우가 눈에 들어왔다. '소가 된 게으름뱅이' 동화 속처럼 무우라도 먹고 죽자는 마음이었다. 한입 벤 무우는 매웠지만 갈증은 조금 가셨다.

저수지 수문에 이르러 물넘이 시멘트 바닥에 고무신을 벗고 물속으로 걸어갔다. 차가운 물결이 허벅지를 지나, 낭심에 닿자 몸이 움찔했다. 무서움에 본능적으로 물 밖으로 튀어나왔다. 만약 내가 정말이 물에 빠져 죽는다면, 어머니의 목 놓아 우는 모습이 떠올랐다.

뜨거운 태양 빛을 받으며 시멘트 바닥의 고무신을 집어 들었다.

되돌아가면 정자나무 아래서 또 웃음거리가 될 터. 그래서 반대 외삼촌 집으로 가는 솟구재 길을 택했다. 정상에서 내려다본 마을 전체가 저녁밥 짓는 연기에 휩싸여 있었다. 우리 집 굴뚝의 연기도 피어올랐고, 대문 앞에는 하얀 저고리 어머니가 두 손을 입에 대고 나를 부르는 소리가 능선까지 들려왔다.

능선으로 뛰어 내려가는 발길이 빨라졌다. 하지만 집으로 바로 들어갈 수 없었다. 대문 옆 대밭 아래에 쪼그리고 앉아 있는데, 어느새 어머니가 내 곁에 와 있었다. 말 한마디 없이 내 어깨를 감싸 안았다. 방안에 차려놓은 밥상에 앉았다. 야속했던 마음은 금세 잊었고 허겁지겁 밥그릇을 비웠다.

지금 돌아보면, 그날의 엎어진 물통은 단순한 해프닝이 아니었다. 그것은 나의 자만심이 쏟아져 버린 순간이었고, 동시에 어머니의 사랑이 다시 채워진 순간이었다. 물통 속, 물은 흘러 사라졌지만, 어머니의 품은 나를 언제나 다시 담아내는 그릇이었다.

인생 또한 그러하다. 젊을 땐 가득 채웠다고 생각한 자존심과 체면이, 어느 날 허망하게 엎질러진다. 그러나 흘러간 물만큼 새로운 깨달음이 스며든다. '죽어라' 하던 어머니의 꾸짖음 속에도 '살아라' 하는 깊은 뜻이 있었음을 이제야 안다.

엎어진 물통은 다시 담지 못하지만, 그 자리에 남은 흔적은 오래도록 내 삶을 이끌어 왔다. 그날의 수치심, 그날의 눈물, 그리고 결국 다시 내 손을 잡아주던 어머니의 침묵. 그것이 오늘의 나를 있게 한 물줄기였다.

(2019)

요양원 입소

산과 평야, 바다가 어우러진 고향마을에는 망구를 바라보는 어른이 수두룩하다. 어머니가 자주 들려준 노인당 여론이다.

"요양병원과 요양원에 부모를 보내는 것은 고려장이다"

어머니는 2008년 직장과 가까운 서노송동 노인병원에 한 달가량 입원했었다. 입원 기간 요양병원 환자들을 보고나서, 고려장에 대한 선입견은 더욱 견고해졌다. 대가족이 하나둘 사라지면서 홀로 집에 남는 독거노인들이 늘어만 간다. 산업화 사회에서 핵가족 시대로 변화되었다. 의술 발달로 생명 연장 시대가 도래했다. 독거노인이신 어머님과 마을의 어른들도 대부분 요양원과 요양병원으로 들어갔다.

한 독거노인들의 노후 관리는 숙명이다. 초 고령화 사회에서 쥐꼬리만 한 노후연금으로 거동이 불편한 노인 케어는 사회적 문제다. 노인들의 부양책임은 노인으로 접어드는 베이비 붐 세대에게 고민거리다. 노모의 부양은 장자가 아닌 자녀들의 연대 책임이다. 어머니는 노인성 골다공증 척추 골절로 두 번에 걸쳐 시술했다. 신체 기능 약화는 보행 장애와 함께 노인성 질환 합병증이 수반된다.

치매와, 비뇨기능 약화는 고령에 따라오는 질환이다. 어머님을 모시고 비뇨기과를 찾아갔다. 애당초 남자 의사를 찾아간 것이 잘못이었다. 진료실에서 어머니는 "이게 무슨 짓이냐"라며 호통을 쳤다. 호통 맞은 의사의 얼굴이 붉어졌고 몸 둘 바를 모르던 나는 어머니를 모시고 나왔다. 흔히 "열 자녀가 한 부모 모시기 힘들다." 한다. 주간 보호센터와 형제들의 집을 전전하던 차에 어머님은 요양원 입소를 자청하셨다. 전주에서 서울로 이동하는 불편함과 주간 보호 센터 사회복지사 권유에 따른 것이다. 요양원을 돌아보다가 성애요양원을 국민건강보험공단에 다니던 막내가 추천했다.

요양원 입소 절차를 앞두고 여동생은 차마 모실 용기가 없다고, 나에게 미뤘다. 바로 위 누이 집에서 오찬을 함께한 뒤 휠체어에 모시고 입소절차를 마쳤다. 어머니는 침대에서 "어서 가라" 하시고는 이불속으로 몸을 숨겼다. 그 모습에 누님이 소리죽여 우셨다. 하늘을 향해 높이 솟은 광역 쓰레기 소각장 연통을 바라보았다. 파란 하늘 화선지 위로 하얀색 연기가 회백색 물감처럼 퍼져 사라지던 쌀쌀한 날씨였다. 죽음이라는 까만 물감이 연기처럼 희석되어, 삶의 무게가 날아가는 늦가을이었다. 그리도 싫어하시던 요양원에 맡겨야 하는 죄책감이 밀려왔다. 현대판 고려장은, 운반 도구가 지게에서 자동차로 바뀌고, 깊은 산속이 아닌, 요양원으로 바뀐 것이다.

모악산 자락이 맞닿은 경계를 머리가 띵하도록 베란다에서 있었다. 모자지간 헤어짐이 애틋해 보였는지 전화를 걸어온 관리 부장 위로 전화를 받았다. 입소하신 노인들의 적응 과정에 관한 사례였다. 소리치며 우시는 분, 엘리베이터 앞에 서성이는 분, 자식을 향해 욕하는 다양한 사례였다. "특이하게도 어머님은 다른 입소자들과 달리 잘 적응한다."라며 안심시켰다. 마지막으로, 2주간 적응기에, 절대 면회를 오지 말라는 당부 전화였다.

우리 부부 중 누군가는 겪어야 할 일이라 생각한, 쓸쓸한 밤이 깊어간다.

(2016)

제2부

엄마 냄새

동지팥죽

첫눈이 내리면 어김없이 동지팥죽이 떠오른다. 팥죽 위에 엉겨 붙은 거죽은 갓 구운 빵보다 더 맛있었다. 동짓날 한 그릇의 팥죽으로 한 살을 더 보탠다고 믿고 기뻐하던 시절도 있었다.

서울에 눈이 내린다는 예보가 있던 날, 초등학교 동창회가 있었다. 월드컵 예선전으로 밤잠을 설쳤지만, 소풍을 가는 아이처럼 마음은 들떴다. 시청역에서 만나 오찬을 하고, 정동 국립극장으로 향하는 길. 덕수궁 돌담길 응달에는 잔설이 남아 돌담의 차가움이 뼛속까지 스며들었다.

스무 명 남짓 모인 죽마고우들과 공연장 앞에서 만났다. 부모님 안부부터 묻고는, 예매표를 받아 마치 보물찾기하듯 각자 자리를 찾아 들어갔다. 연극은 곧 시작되었지만, 따뜻한 공연장 안에서 식곤증이 몰려왔다. 잠시 눈을 감았다 뜨기를 반복하며 공연을 따라갔다.

무대 위 작품은 셰익스피어의 맥베스 레퀴엠, 욕망이 부른 살인과 허망한 권력의 그림자를 재즈와 노래로 풀어낸 무대였다. 간헐적으로 울리는 총성에 놀라 눈을 떴다가 다시 스르르 졸았다. 커튼콜의 환성에 깜짝 놀라 얼떨결에 박수를 치고 나온 내 모습이 우스꽝스러웠다.

만찬까지는 시간이 남아 덕수궁을 거닐었다. 공연의 줄거리보다도 포르투갈 전 승리로 극적으로 16강에 진출한 축구 이야기가 친구들 입에 회자되었다. 궁궐을 한 바퀴 돌아 보고, 우리는 예약한 음식점으로 향했다. 코로나로 두 해 동안 만나지 못하는 사이, 이미 세상을 등진 친구들의 빈자리가 더욱 허전했다. 살아남아 만난 우리끼리 술잔을 부딪치며 외쳤다.

"이것이 술이여?"

"아니여."

"그럼, 무엇이여?"

"정이여!"

걸쭉한 전라도 사투리 속에 웃음과 슬픔이 교차한다. 남산 자락 밤하늘로 흩어진 건배사처럼, 우리의 세월도 흩날리고 있었다.

술기운에 취한 나는 문득 홀로 계시는 누님이 떠올랐다. 늦은 밤이라 망설였지만, 누님의 청을 저버릴 수 없었다. 아들이 의정부까지 실어다 준 덕택에 누님과 정담을 나눴다. 그러다 거실 의자에서 깜박 잠이 들었다.

이른 아침, 누님은 안방까지 울린 팥죽 끓는 소리에 잠을 설쳤다며 핀잔을 주었다. 나는 "어제 축구도 보고 술을 마셔서 그렇다"고 둘러댔다. 술국을 끓여주신 누님이 웃으며 말했다.

"동생이 팥죽 쑤느라 고생했으니, 점심은 팥죽으로 하세."

그 말에 나도 흔쾌히 응했다. 어머니가 끓여 주시던 동지팥죽의 추억이 불현듯 그리워졌다. 점심으로 팥죽을 먹고, 누님과 함께 전철역까지 걸었다. 눈 덮인 도봉산이 백설 모자를 쓰고 배웅하는 듯…….

이틀 뒤, 전주에도 첫눈이 내렸다. 첫눈은 언제나 막연한 그리움의 문을 연다. 이른 아침 전화벨은 가슴을 철렁 하게 한다. 발신자는 요양병원. 화면에는 어머니 얼굴이 나타났다.

"아들아, 어서 와라. 네 아버지가 집에서 기다린다. 준필이가 와 있으니 빨리 밥을 해주어야 하는데, 내가 통 움직일 수가 없다."

돌아가신 아버지와 형님 이름을 부르시는 어머니 목소리에 등골이 오싹했다. 첫눈이 내린 날, 저승사자가 찾아온 것일까? 간병인이 당황스레 설명했다.

"갑자기 아들에게 전화를 걸어 주라 하셔서 연결했어요. 치매 증상일 뿐이니 너무 걱정 마세요."

그러나 내 불안은 가시지 않았다. 나는 조심스레 물었다.

"어머니, 아버지와 형님이 어디 있는데?"

"네 아버지와 형이 여기 와 있다."

돌아가신 두 분이 어머니 곁에 와 계시는 것을 본 듯한, 어머니의 거리낌 없는 대답이었다. 섬망일까, 치매일까. 하지만 내겐 그것이 현실과 저승의 문턱이 교차하는 순간처럼 다가왔다.

"아들아, 나를 집에 데려다주라."

어머니의 간절한 청에 간병인이 덧붙였다.

"이제 면회가 다시 허용되었으니 오셔도 됩니다."

나는 엉겁결에 “이번 주에 가겠습니다.”라고 대답했다. 전화를 마치려는 순간, 간병인의 혼잣말이 들렸다.

“얌전하시던 어르신이 왜 이러실까…”

나는 무심코 대꾸했다.

“올해 고창에도 첫눈이 내렸잖아요. 그 때문인가 봅니다.”

화면 속 어머니 얼굴에는 검버섯이 유난히 도드라졌다. 식으면 굳어지는 팥죽 거죽처럼, 첫눈 내린 모악산 정상에도 먹구름이 머물러 있었다.

뚝배기 국밥

아내는 가끔 나와 아들을 싸잡아 '이가李家 남자들'이라 부른다. 그 안에는 이미 세상을 떠난 선친과 형님, 동생과 조카들과 친척까지 포함된다. 종합병원 응급실에 노모를 입원시킨 터라 몸과 마음이 지친 상태였다. 그런데 선종한 형님의 큰아들이 어버이날을 맞아 할머니에게 전화를 드리고는 곧장 내려왔다. 키운 정을 잊지 않고 찾아온 조카의 얼굴을 보고는, 반대로 우리가 다시 상경 길에 올랐다.

이번 서울행은 모처럼 부부가 함께하는 휴가이자, 아들의 이사에 손을 보태주기 위한 길이었다. 호젓한 신혼여행 같은 기분으로 전주를 벗어나자, 고속도로 주변으로 이팝나무와 아까시나무, 밤꽃이 한창 피어 있었다. 푸르른 5월, 코로나만 아니었더라면 여행하기에 더없이 좋은 계절이다.

몇 년째 반 지하 전세방에서 살던 아들이 드디어 새로운 보금자리로 옮긴다. 이번에는 팔순의 큰누이 댁 인근이다. 누님은 "학비는 못 대줄망정 아침밥은 같이 먹도록 하겠다."라며 둘째 아들 집 2층으로 들어가게 되었다. 고시공부하기에 한결 좋은 환경이었다. 하지만 코로나로 식사를 함께하기 어렵다는 이유로, 아들은 누님의 식사 권유를 거절한다고 귀띔 했다.

노모가 계신 병원은 호흡기 환자 지정병원이어서 면회나 방문이 까다로워졌다. 기저질환자인 우리 부부도 조심할 수밖에 없었다. 그렇지만 아들의 이사만은 부모가 외면할 수 없었다. 휴게소에 들르지 않으려고 김밥을 싸 들고 올라갔다. 평일임에도 고속도로는 붐볐고, 누님의 전화는 마음을 더 다급하게 했다. 내비게이션을 따라 진입한 다리는 성수대교였다. 대학 입학 후 처음 아들과 건넜을 때, "이 다리 또 무너지는 건 아니지?"라며 겁내던 아들의 목소리가 떠올랐다.

늦은 밤 도착한 방에는 누님이 차려둔 진수성찬이 기다리고 있었다. 장대 찌개, 조기구이, 홍어회, 겉절이까지 상다리가 휘어질 듯, 밥상 앞에서 차 안에서 먹은 김밥은 까맣게 잊혔다. 아내와 누님과 함께 오랜만에 젊은 시절의 이야기를 나누며, 시간 가는 줄 몰랐다.

다음 날 이삿짐은 고향이 같은 이삿짐센터 기사 두 분이 정성스럽게 옮겨주었다. 대학생 혼자 쓰는 살림살이인지라 정리도 금세 끝났다. 번호 키와 에어컨을 설치하고 청소까지 마치니 오후 세 시. 우리는 하룻밤도 묵지 못하고 귀향길에 올랐다.

돌아오는 길, 아내가 불현듯 말했다.

"당신이 2년 전 그 고비를 못 넘겼다면, 오늘 아들 이삿짐도 못 날라 줬겠지. 그런데 이렇게 다 옮겨주고 서울을 떠나니… 참 다행이야."

그러곤 갑자기 흐느꼈다. 순간 내 눈에도 눈물이 핑 돌았다. 긴 침묵 끝에 아내가 다시 입을 열었다. "큰 매형과 형님이 돌아가신 달도 5월이었지. 작년엔 둘째 언니 장례식을 도와줘서 고마웠어. 2년 전 당신이 쓰러진 것도 5월이었고, 어머님을 응급실에 모신 날도 하필이면 형님이 세상을 떠난 어버이날이었네."

5월은 우리 집안에 유난히 사연 많은 달이었다. 큰조카는 어버이날이면 어김없이 할머니께 전화를 드렸고, 형님의 유해도 5월 말 선산으로 모시게 되었다. 흘러가는 세월 속에서 어느덧 조카들도 불혹을 넘어섰다. 무심한 듯 흘러가는 세월이 야속하게만 느껴졌다.

고단한 하루 끝에 아내는 "저녁밥은 당신이 사고 싶은 걸로 먹자"고 했다. 생각 끝에 떠오른 건 따뜻한 '뚝배기 국밥 한 그릇'이었다. 허기를 달래는 한 끼이자, 고단한 삶을 위로하는 소울푸드다.

아들도 언젠가는 기억하리라. 다섯 번도 넘게 그의 이삿짐을 옮겨준 부모의 수고를. 그리고 떠나보내는 자리마다 남는 이 서운함을. 나이 들어갈수록, 짐을 내려놓고 돌아올 때마다 더욱 마음이 허전하다. 하지만 누님의 넉넉한 마음 씀씀이와 따뜻한 밥상 앞에서, 세상은 여전히 견딜 만하다고 느꼈다.

"동생이 사주었던 뚝배기 국밥이 제일 맛있었다."

큰누이 남긴 말이 불현듯 떠오른다. 코로나가 지나고 마음 편히 모일 날이 오면, 그 따뜻한 국밥 한 그릇을 꼭 대접하고 싶다. 소박한 한 그릇에 담긴 사랑과 그리움, 그것이 곧 우리 가족의 역사이자 삶의 맛이기 때문이다.

엄마 냄새

"엄마 냄새를 맡는다." 손녀가 딸이 자던 방에서 혼잣말했다. 만 나이 다섯 살, 아이를 남겨두고 엄마는 출국해 버렸다. 태어난 지 여섯 달 만에 엄마와 떨어져 지낸 아이가 엄마 냄새를 안다는 말 자체가 신기했다. 그 아이의 돌이 지나던 해에 사위는 미국으로 발령났다. 일 년에 한두 번 귀국하는 아빠보다, 아이는 주말마다 내려오던 엄마를 애타게 기다렸다. 가끔 고속도로가 막혀 도착이 늦어진다는 전화를 받으면, 아이는 이불을 끌어안고 엄마를 기다리곤 했다.

엄마 아빠와 떨어져 지내는 아이를 바라보는 건, 항상 고통스럽다. 이삿짐을 보내고 출국을 며칠 앞둔 날, 마침 미국은 코로나19로 외국인 입국을 막아 버렸다. 세 곳으로 흩어진 이산가족의 합가는 그렇게 무참히 좌절되었다. 다행히 시간이 흘러 딸도 미국으로 발령을 받았다. 비자와 항공권을 손에 쥔 날, 우리 부부는 세 번째 출국이 무사히 이루어지기를 빌며 외출조차 삼갔다.

출국을 앞둔 금요일, 손녀를 마중 나가 집으로 오는 차 안에서 손녀가 말했다.

"일곱 명 유치원생 중 차를 안 탄 친구 한 명이 오미크론 확진이래요."

순간 나는 되물었다. "어제 그 친구랑 같이 놀았지?" 정색한 내 물음에 아이가 움찔하며 대답했다.

"네."

집에 도착하자 손녀가 다가와서 말했다.

"할아버지, 내 겨드랑이에 손 넣어 봐. 열이 나는 것 같아요."

체온계를 대 보니 37.2도. 서너 살부터 '36.5도'를 앵무새처럼 외우던 아이였다. 아이는 내 겨드랑이에 손을 넣으며

"할아버지도 따뜻하네." 하고 웃었다. 나는 곧장 딸에게 전했고, 딸은 말없이 짐을 싸다 말고 말했다.

"어차피 검사받아야 하니까, 병원 가야 해."

그날 오후 병원을 전전하며 PCR 검사를 받았다. 출국을 앞둔 토요일 오전, 손녀와 친할머니가 확진 통보를 받았다. 아내 얼굴은 순식간에 사색이 되었다. 그러나 손녀는 담담히 말했다. "누구를 탓하면 안 된대요. 선생님이 그랬어요." 다행히 증세는 심하지 않았지만, 결국 손녀 출국은 무산됐다.

"같이 밥을 먹어야 식구"라는 말처럼 함께하던 일상이 멈췄다. 금요일마다 기다리던 엄마는 외국으로 떠났고, 손녀는 격리에 묶였다. 옥정호 옆길에서 엄마는 "곧 함께 가자"고 설명했지만, 아이는 고개만 끄덕였다. "엄마 잘 가. 할머니 나으면 나랑 같이 갈게." 의젓하게 손을 흔들던 모습이 마음을 더 아리게 했다.

격리된 손녀의 이삿짐은 예정대로 월요일에 실려 나갔다. 아내는 딸과 터미널로 향하는 길에 몇 번이고 다짐했다. "울지 말자." 그러나 막상 공항버스 앞에서 세 모녀는 소리 없이 눈물을 주르륵 흘리며 포옹했다.

격리 기간이 끝나고 손녀는 다시 외갓집에 왔다. 주말마다 함께하던 엄마는 이제 화상전화로만 만날 수 있었다. 그러나 엄마가 화면에 나타나도 아이는 대화를 기피하고 딴청을 부렸다. 밤이 되자 손녀는 아내에게 말했다.

"할머니 침대 말고 엄마 이불에서 잘래. 엄마 냄새 맡고 싶어."

아내가 건조대에서 말린 봄 이불을 덮어주자, 아이는 킁킁거리더니 금세 투정을 부렸다.

"엄마 냄새 안 나. 할머니가 빨아서 그래."

"빤 게 아니라 말린 거야"라고 아내가 설명하자 짜증을 내며 말했다. "할머니가 이불을 말려서 엄마 냄새가 안 나잖아."

손녀는 엄마가 내려오던 고속버스 지연 소식에도 짜증을 부렸었다. 아내는 아이를 달래기 위해 동화책을 목이 쉬도록 읽어 주었다. 다음 날 아침, 손녀는 내 무릎에 앉아 말했다. "할아버지, 유튜브 틀어 주세요." 그러면서 내 귀를 만지작거렸다. 엄마와 잠자리 들기 전, 혹은 헤어지기 직전에 하던 습관 그대로였다. 문득, 딸이 어릴 적에도 똑같이 내 러닝셔츠 자락을 만지작거리며 잠들곤 했던 기억이 겹쳐왔다.

그날 손녀는 내게 말했다.

"할아버지, 운암에 데려다주세요." 아내는 "외할머니랑 단둘이 있으면 엄마가 자꾸 떠오른다네. 그냥 유나 뜻대로 데려다주세요"라고 했다. 나는 손녀를 데려다주고 행사장으로 갔다. 그 사이 아내와 안사돈이 통화한 내용을 전달했다.

"엄마는 내가 가라고 한다고 혼자 가면 어떡해. 내가 나으면 나랑 같이 갔어야지."

손녀의 말을 전한 아내는 안방으로 들어가, 손녀가 벗어두고 간 잠옷을 껴안고 울고 있었다.

그 눈물은 단순한 서러움이 아니었다. 세대를 건너 이어져 온 기다림과 만남, 이별의 운명이 그 속에 겹쳐 보였다.

어린 손녀는 '엄마 냄새'를 찾았지만, 사실 그 냄새는 엄마라는 존재보다 더 큰 무엇을 뜻하는지도 모른다. 그것은 품어주는 사람의 체취이자, 존재의 증거이며, 사라지면 다시는 되찾을 수 없는 시간의 흔적이다. 어머니가 남긴 뒷모습, 딸이 흘린 눈물, 손녀의 독백이 결국 하나로 이어져 우리 가족사를 이루는 혈육의 징표가 된다.

나는 깨닫는다. 냄새, 손길, 뒷모습 같은 사소한 것들이야말로 삶을 이어주는 끈이라는 사실을. 언젠가 우리는 모두 떠나지만, 그 작은 흔적은 사랑을 기억하게 하는 영원한 표식으로 남는다.

(2022)

대설주의보

코로나19로 형제들 서로 만나지 못한 지 오래였다. 6남매가 모이는 일은 좀처럼 쉽지 않았다. 그런 가운데 막냇동생의 큰딸 결혼식이 우리를 한자리에 불러 모았다. 아내는 그동안 한 번도 타보지 못한 KTX 열차를 이번 기회에 타 보자고 했다. 그러나 결혼식장의 방향은 열차의 종착지와 반대였다. 여러 번의 상의 끝에 상경은 고속버스를 타고, 귀향은 KTX를 타기로 절충해 표를 예매했다.

결혼식 날이 가까워지자 "변형 오미크론 환자가 확산하고 있다"라는 뉴스가 연일 쏟아졌다. 자녀들과 사위들은 혹시나 하는 걱정에 예식장에 가지 말라고 권했다. 하지만 마음은 이미 굳어 있었다. 출발 하루 전, 서울의 인터넷 기상예보는 '맑음'으로 나왔다. 예매해 둔 교통편은 취소하고, 기저 질환이 있는 부부는 안전을 고려해 승용차로 가기로 했다.

결혼식 당일 새벽, 아들의 이불과 준비한 먹거리를 차에 싣고 출발했다. 차가운 새벽 공기를 가르며 달리는 고속도로는 한산했다. 너무 일찍 도착한 우리는 잠시 시간을 보내고자 서울 근교 헌인릉을 찾았다. 조선왕조실록과 다른 변계량의 비문을 다시 확인해 보고 싶었다. 하얀 서리가 덮인 새해의 왕릉은 고요했고, 나무 사이로 불어오는 바람에도 역사의 숨결이 실려 있었다. 비석을 살피고 나니 마음이 차분해졌다. 곧장 예식장으로 향했다.

예식장 입구는 대통령 경호를 방불케 하는 삼엄한 분위기였다. 체온 측정과 QR 체크를 거쳐 에스컬레이터를 타고 올라갔다. 한동안 보지 못한 친지들과 반갑게 만났다. 주례 없는 결혼식이었으나, 동생이 직접 주례사를 맡아 진심 어린 축하 메시지를 전했다. 늘 어린 동생으로만 보았던 막내가 이제는 사위를 맞이하는 모습이 의젓하고도 듬직해 보였다. 예식 후 함께한 오찬 자리도 정겨웠다. 아들과 함께 피로연장을 빠져나올 때, 오랜만에 모인 가족들의 웃음이 가슴속에 오래도록 남았다.

아들의 자취방은 예상대로 난장판이었다. 안방과 작은방, 화장실과 주방은 발 디딜 틈이 없었다. 부부는 곧장 대청소를 시작했다. 이리저리 치우고 닦고 정리하니 한결 나아졌다. 잠시 뒤 팔순을 넘긴 큰누이가 집밥을 먹자고 말했다. 동생들은 외식하자고 했으나, 누이는 준비해 온 싱싱한 꽃게와 생선을 손질하며 끓는 찌개 냄새가 집안 가득했다. 보글보글 소리가 정겹게 울릴 때, 둘째 조카가 넷째 누님과 여동생을 데려왔다. 현관문을 열자 함박눈이 펑펑 쏟아지고 있었다.

"이사 온 언니 집에 처음 왔다"라는 여동생의 말이, 눈발 속에서 더욱 따뜻하게 들렸다.

모처럼 함께 앉은 자리에 다섯 개의 휴대전화가 동시에 울렸다. 대설경보를 알리는 문자와 경보음이었다. 나는 10여 년 전, 대설경보로 고속도로에서 열 시간 가까이 멈춰 섰던 기억이 떠올라 순간 긴장했다. 전주와 광주로 내려가야 할 형제들은 대설경보에 불안해했다.

"그냥 지금 내려갑시다." 내 말이 떨어지기가 무섭게 네 사람이 기다렸다는 듯 일어섰다. 누님은 준비한 국에 밥이라도 한술 뜨고 가라고 붙잡았지만, 그대로 나왔다. 창밖 풍경은 설국이었다. 차 위에 수북이 쌓인 눈을 쓸어내고 시동을 걸었다. 지선도로에 들어서자 정체된 차들이 꼼짝하지 않고 줄지어 있었다. 신호등마저 고장 난 듯, 불빛은 더디게 바뀌었다.

그때였다. 백미러에 커다란 형체가 보였다. 헐레벌떡 다가오는 이는 틀림없는 큰누이였다. 영하의 날씨에 폭설 속을 뛰어와 건넨 것은 커다란 스테인리스 주전자였다. 주둥이에서 김이 모락모락 피어올랐다. 그 순간 신호등이 파랗게 바뀌고, 뒤차의 경적이 울렸다. 나는 인사도 채 하지 못한 채 주전자를 트렁크에 넣고 서둘러 출발했다.

펑펑 내리는 눈은 세상을 고요하게 덮였지만, 백미러 너머에서 손을 흔드는 누님의 모습도 사라졌다. 차창에 부딪히는 눈송이가 녹아 흘러내리는 눈물과 겹쳤다. 두 시간 만에 간신히 제3한강교를 빠져나와 고속도로에 접어드니, 신기하게도 내리던 눈이 그쳤다. 긴장이 풀리자, 트렁크 안 비릿한 찌개 냄새가 차 안으로 밀려왔다. "찌개를 버리자"라는 의견과 "어찌 정성을 버리겠느냐"라는 의견이 갈라졌다. 그때 여동생이 웃으며 말했다. "이렇게 눈이 그칠 줄 알았다면, 식사라도 하고 오는 건데…"

그 말에 차 안의 공기가 잠시 누그러졌다. 그러나 여전히 비릿한 냄새에 구토를 참지 못하는 아내를 위해, 창문을 열고 칼바람을 맞으며 운전했다. 폭설은 우리의 길을 막았지만, 주전자 속 찌개는 한겨울에도 꺼지지 않는 누이의 따뜻한 마음이었다. 눈은 세상을 덮어도 사람의 정은 덮을 수 없다는 사실을 그때 다시금 깨달았다.

(2022)

반말 사랑

“할아버지, 너 코로나 걸렸니?”

화상 전화에 나타난 손자가 걱정스러운 표정으로 묻던 말이다. 어린이집에서 친구에게 묻는 천진한 말투다. 그 순간 나는 웃음과 동시에 뭉클한 마음을 감출 수 없었다.

일요일 아침, 몸에 열이 올랐다. 진단 키트를 해 보니 양성이었다. 종합병원에서 신속 항원 검사를 받자, 확진 판정이 내려졌다. 자가 격리 문자가 도착하고, 딸의 생일에 함께 하기로 했던 약속은 파기되었다. 코로나라는 이름 앞에 일상의 약속이 속절없이 무너졌다.

쌍둥이 손자 중 늦게 태어난 해인이는 외사촌 누나가 코로나에 걸려 출국하지 못한 것을 가까이 지켜보았다. 그래서인지 유난히 감염에 민감하다. 외국으로 떠나는 누나와 헤어지며 서로 부둥켜안던 모습이 아직도 눈에 선하다. 화상 전화를 걸 때마다 친구들 이름을 나열하는 것도, 코로나 때문에 만나지 못한 아쉬움의 표현이리라.

광복절 연휴에 외갓집에 오겠다고 손자들과 약속했을 때, 그 눈빛은 세상을 다 얻은 듯 반짝거렸다. 그런데 막상 내가 확진되었다는 소식에 손자 얼굴도 굳어있었다. 엄마 아빠가 환자를 돌보는 일을 하는 만큼, 기저질환이 있는 우리 부부의 건강을 더욱 살뜰히 챙기던 가족들이다.

그즈음 나는 손자들과의 약속을 지키려고 전주 워터파크를 가기로 했다. 갖고 싶다던 네발자전거는 위험하다고 거절하는 사위였다. 대신 모래시계를 두 개 사서 준비해 두었다. 그런데 기다리던 전화 대신 날아온 소식은, 쌍둥이 네 가족 중 세 사람의 양성 판정 소식이었다.

유치원에서 매주 하는 키트 검사를 서인이가 울음을 터뜨리며 거부했다고 한다. 이때 "해인이가 대신 받겠다고 나섰다."란 말을 딸이 전화로 알려왔다. 결과는 무증상이었으나, 이를 통해 감염이 두려워 화상 전화도 안 받던 해인이도 끝내 양성 반응을 받았다는 전화를 받았다. 그때 나는 손자에게 되물었다.

"해인아, 너 코로나 걸렸니?"

내 물음에 아이는 대답 대신 이불 속으로 몸을 숨겼다. 둘째 딸이 웃으며 설명했다.

"아마 할아버지한테 옮길까 두려운가 봐요."

그러자 쑥스러운 듯 머리만 내밀며 말했다.

"할아버지, 모래시계 보여줘 봐."

나는 소파 옆에 준비해 둔 모래시계를 들어 보였다. 아이는 금세 환한 미소를 지었다. 그 웃음을 바라보며 나는 다정히 말했다.

"다 낫고 나면 함께 수영장에 가자."

아이와의 약속을 다시금 확인해 주었다. 그 순간, 세상을 떠난 문우의 말이 떠올랐다.

"손자, 손녀는 할아버지와 할머니의 전생 연인 사이"라는 그 말의 뜻이 다가온다.

35년 전 8월이었다.

아버지의 임종이 가까워졌다는 전화를 받고 고향으로 달려갔다. 방안에는 일가친척이 모여 있었고, 밖에서 뛰어놀던 큰 조카가 헐레벌떡 들어왔다. 아이는 아직 사리를 분별할 나이가 아니었다.

"할아버지 아직도 안 죽었어요? ○○네는 할아버지 돌아가셔서 사과랑 곶감 많이 먹던데…"

그 말에 모두가 놀라 눈을 크게 떴다. 어색한 방 안 분위기를 금세 눈치챈 조카는 아버지의 발목 곁에 쪼그려 앉았다. 희미하게 눈을 뜬 아버지가 손자의 허벅지를 발가락으로 꼬집었다. 어린 조카는 울음을 터뜨렸고, 이내 할아버지의 품에 파고들어 잠이 들었다. 그렇게 손자를 팔베개해 준 아버지는 마지막 밤을 보내셨다. 다음 날 아침, 아버지는 조용히 세상을 떠나셨다.

그 장면은 내게 오래도록 잊지 못했다. 아버지와 손자의 마지막 교감은 말이 필요 없었다. 발끝의 장난과 품 안의 잠은 세대와 세대를 잇는 다정한 언어였다. 그리고 세월이 흘러, 손자들이 나에게 반말로 묻는다. "할아버지, 너 코로나 걸렸니?"라고.

반말 속에는 꾸밈없는 사랑이 깃들어 있다. 어른의 권위를 벗고 아이의 눈높이로 내려올 때, 비로소 마음은 가장 진실하게 이어진다. 반말은 무례가 아니라, 가장 가까운 이들 사이에서만 허락되는 언어다. 그래서 나는 손자와 대화할 때는 삶의 무게를 잠시 내려놓는다.

조손은 멀리 있는 있어도 가깝다. 아버지의 발끝이 손자를 꼬집던 그날과, 손자가 이불 속에서 수줍게 웃던 오늘도 다르지 않다. 세대를 넘어 흐르는 것은 결국 사랑이다. 그리고 그 사랑은 가끔은 존댓말보다, 솔직한 반말로 더 선명히 다가온다.

"할아버지, 너 코로나 걸렸니?"

그 반말은, 삶과 죽음을 넘어선 나와 손자를 잇는 다정한 고백이었다.

삼천지교에서 사천지교四遷之敎로

큰딸을 유치원에 보내지 못한 것은 집안 형편 때문이었다. 대신 초등학교는 세 번이나 전학했다. 처음에는 중앙초등학교에 입학했으나, 곧 화산초등학교로 전학했다. 마지막 효정초등학교가 새로 개교되면서 또다시 전학했다. 자식 교육을 위해 세 번 이사했다는 맹자 어머니의 삼천지교三遷之敎처럼…….

큰딸이 다닌 학교를 동생들도 졸업했고, 그 과정에서 고향을 심어 주기 위해 더 이상 이사를 안 한 것은 나만의 철학이었다. 야무지고 또박또박 말 잘하는 큰딸은 남달랐다. 입학식 날 손수건을 달고 간 모습이 아직도 눈에 선하다. 담임 선생님이 말을 잘한다고 빵을 내밀자, 딸은 단호하게 거절했다. 이유를 묻자 "엄마 아빠에게 빵을 사 오라는 것 같아서…"라 대답했다고 했다. 담임은 특이한 아이를 만났다며 웃음을 터뜨렸지만, 나는 놀라움을 감출 수 없었다.

그 성품은 중학교 때도 이어졌다. 피아노 연주 대회 참가자를 선정한 담임에게 공개적으로 항의했다. "저보다 못하는 친구를 뽑았다"라며 교무실에서 당돌하게 따졌다. 고등학교 3학년 때는 같은 성씨의 교과 선생님께 대들기도 했다. 선생님에게서 항의 전화를 받았을 때, 나는 어쩔 줄 몰라 사과했던 기억이 남아있다. 그래도 시간이 흐르고 보니, 그런 기질이 딸을 지금 단단한 사람으로 자란 원천이었다.

세월이 흘러 딸도 학부모가 되었다. 외동딸을 키우며, 나와 같은 고민을 하는 모습에서 묘한 세대의 울림을 느낀다. 유치원에서 보내온 정성스러운 소식지를 보다가, 자연스레 큰딸의 초등학교 시절을 떠올렸다. "아이는 어른의 거울"이라는 말이 맞았다.

외손녀 역시 어린이집과 유치원을 세 곳이나 옮겼다. 마치 엄마가 걸어온 길을 닮은 듯하다. 코로나로 휴교가 이어지자 돌봄 유치원으로 보내야 했고, 이내 공립유치원으로 전학했다. 맞벌이하는 딸 부부 대신, 외손녀 돌봄은 양가의 공동 과제가 되었다. 금요일 저녁이면 내가 데리러 가고, 월요일 아침 등원까지는 내 몫이었다.

손녀가 입학하던 날의 설렘은 지금도 잊지 못한다. 사흘 만에 집에 와서 새 가방과 원복을 내보이며 "내가 원하던 옷이야"라고 웃던 모습. 그리고 선생님이 전해준 통신문에는 이런 글이 적혀 있었다.

"아이 한 명이 색종이를 접어 가져와 펴 보니, 동그라미 세 개가 그려져 있었습니다. 하나는 자기감정, 하나는 친구의 감정, 또 하나는 선생님 감정이라고 했습니다. 감정이 뭐냐고 묻자, 좋은 생각이라고 말했습니다."

나는 선생님께서 손녀를 칭찬한 그 글을 읽으며 마음이 뭉클했다. 큰딸이 당돌함으로 세상을 헤쳐 나갔다면, 외손녀는 감정을 나누며 세상을 배우고 있었다. 교육은 시대마다, 또 사람마다 다르게 흘러간다.

외손녀와 함께 집으로 돌아오는 길은 늘 용머리고개를 넘어야 한다. 전주천을 건너 완산교를 지나면, 손녀는 하늘의 달을 보며 묻곤 한다.

"할아버지, 달님은 왜 나만 따라와요?"

끝없는 질문 세례에 웃음이 절로 난다. 차를 타고 가다가 눈이 달려오고 비가 달려온다는 표현에 감동한다. 큰딸도 그랬다. 세 돌 무렵 한글을 읽기 시작했는데, 손녀는 글은 읽지 못해도 질문만큼은 끝이 없다. 마스크를 쓴 미용실 원장 이모를 보고 "입속에 바이러스가 있어요?"라 묻는 호기심에 모두가 웃음을 터뜨렸다.

코로나는 가족의 일상을 바꾸어 놓았다. 미국으로 이주하려던 딸네 가족은 국경이 닫히면서 발이 묶였다. 덕분에 손녀와 함께한 시간이 내겐 축복이었다. 그러나 언젠가 떠날 것을 생각하는 아내의 한숨은 깊다.

"사람은 크면 서울로, 말은 크면 제주로 보내야 한다."

어머니의 말씀처럼 세상은 넓고 할 일은 많다. 손녀의 교육은 이제 삼천지교가 아니라 사천지교四遷之敎를 앞두고 있다. 큰딸이 원하던 대학원 입학을 거절한 마음속 채무를 손녀가 대신 갚기를 기도한다.

나는 생각한다. 부모와 자식, 그리고 손자로 이어지는 교육의 길은 단순한 이사가 아니라, 세대를 이어 주는 다리와 같다. 삼천지교에서 사천지교로 이어지는 이 긴 여정 속에서, 가족의 사랑과 희망이 자리를 잡는다. 언젠가 손녀가 자신의 길을 찾을 때, 나는 마음속에 숨겨 둔 채무가 사라질 것이다.

(2022)

임인년 설날에 떠올린 기억

2022년 임인년, 호랑이띠 새해가 밝았다. 설날이 다가오면 늘 떠오르는 형님이 나이를 묻는 사람에게 대답한 구절이다.

"묻지 말라, 갑자생이다."

세월이 쌓일수록 나이의 무게가 더 크게 다가온다. 올해는 유난히 쥐띠 어머니와 호랑이띠 형님이 떠오른다. 쥐띠 어머니 앞에서 호랑이띠 형님은 언제나 작아졌다. 고양이 앞에 쥐라는 속담이 무색하게, 어머니 앞에만 서면 호랑이도 기를 펴지 못했다. 신기하게도 이런 모습이 또 반복된다. 쥐띠 큰딸 앞에서 돼지띠 아내가 종종 쩔쩔맨다.

피는 못 속인다는 말이 맞았다. 어머니와 큰딸, 그리고 외손녀까지, 세 여인은 생김새부터 성격과 기질까지 똑 닮았다. 세대를 건너 이어진 카리스마는 묘한 전율을 불러일으킨다. 큰딸은 올해 출국을 앞두고 긴 휴가를 냈다. 코로나로 지난해에는 미국 입국이 막혀 휴직을 미뤘지만, 올해는 실리콘밸리로 발령이 났다. 휴직이 아닌 발령이었기에 주거 지원을 받는다고 했다. 여섯 해 동안 양가 어머니 품에서 자란 외손녀는 자신을 "최 · 오 · 이 · 신 · 유나"라고 부르라고 한다. 키워주신 두 할머니와 엄마의 성을 모두 붙인 이름이다. 어린아이의 천진한 언어는 가족의 정을 한마디에 담는다.

둘째 딸 쌍둥이도 개띠이다. 쌍둥이 생일에 육십갑자 개띠인 나와 아내를 초대했다. 들뜬 마음으로 모였으나, 체온을 재던 큰딸 이마에서 열기가 느껴졌다. 곧장 선별진료소로 달려가 검사를 받았다. 다행히 음성이었으나, 1년을 미룬 출국을 앞둔 터라 덜컥 겁이 났다. 요즘 아이들은 뛰놀 공간조차 제한된다. 방학 내내 집안에만 갇혀 지낸 손자들을 데리고 나가 지하철 엘리베이터와 에스컬레이터에서 놀았다. 문명의 이기인 영어 단어가 낯설고 신기했던 내게는 고등학교 때 명동 신세계 백화점에서 처음 타본 기계들인데 세상은 이렇게 바뀌었다.

설날에 가장 그리운 것은 세뱃돈과 어머니다. 요양병원에 계신 어머니와 화상통화를 했다. 야윈 팔목은 이제 손녀들 팔목보다 가늘다. 한때는 며느리와 딸 누구도 당해내지 못하던 강인한 팔목인데, 세월 앞에서는 장사가 없음을 다시 깨닫는다. 눈이 펑펑 내리던 설

달그믐날, 예전 같으면 세배꾼들이 줄을 잇고, 어머니는 직접 빚은 떡국과 식혜, 곶감을 내놓으셨을 것이다. 이제는 그 모든 풍경이 추억 속에만 남았다.

손자들에게 세뱃돈을 주자, 아이들은 고사리 같은 손을 모으고 소리쳤다.

"할아버지, 새해 복 많이 받으세요!"

봉투 속 돈을 꺼내 본 쌍둥이는 천진난만하게 말했다.

"오백 천 원짜리다!"

그리고 큰놈이 다가와 귀엣말로 속삭였다.

"할아버지, 오백 천 원보다 많은 돈 주세요."

돈의 가치를 모르는 순수함이 귀여워 봉투에 지폐를 더 넣어주었다. 아이들의 환호성이 방 안 가득 했다.

그 순간 문득 떠오른 것은 어린 시절, 세뱃돈을 둘러싼 두 딸의 불평이다. 할머니가 남동생에게 더 많은 돈을 주자 "귀동이 아들만 편애 한다"며 시샘했다. 그러나 올해 설에는 귀동이는 오지 않았다. 직장 동료가 코로나 확진으로 밀접접촉자라 이동이 제한되었기 때문이다. 아들을 기다리는 마음은, 요양병원 유리창 너머에서 나를 찾던 어머니의 눈빛과 겹쳐 보인다.

"네 형을 보고 왔냐?"

10여 년 전 사망한 큰아들을 찾던 어머니의 물음이 가슴을 파고든다. 치매인 쥐띠 어머니에게 가슴에 묻은 지 10년 넘은 호랑이띠 아들은 그리운 존재였다.

(2022)

빨간 구두와 오솔길

솔 솔 솔, 오솔길에 빨간 구두 아가씨를 만나러 가는 금요일이다. 평화동을 지나면 경각산과 모악산 사이를 가로지른 호남로가 시원스럽게 뻗어 있다. 남쪽으로는 필봉농악 전수관을 마주 보고, 섬진강이 휘도는 회문산 자락을 넘으면 고추장 마을과 메타세쿼이아 길이 이어진다. 그 길은 곧 광주로 닿는다.

손녀는 옥정호 가장자리에 자리한 마암초등학교 병설 유치원에 다닌다. 그곳은 한때 섬진강 시인이 교편을 잡았던 곳이다. 학교에 도착하면 나는 손녀와 함께 뒷산 오솔길을 오른다. 아이가 알려준 길이다. 내가 사준 빨간 구두와 외투를 입는 고사리손을 잡고 걷는 오솔길은 내겐 세상에서 가장 아름다운 산책로다.

무덤을 감싼 끝자락에는 유치원생들이 놀다간 흔적이 남아 있다. 플라스틱 용기, 잡다한 소품, 도토리와 상수리, 솔방울까지 소꿉놀이의 잔재는 작은 우주처럼 흩어져 있다. 길가에 서 있는 '띠앗길' 표지판에는 푸른 뱀이 그려져 있다. 손녀는 두 손을 입에 모으고 큰 소리로 외친다.

"뱀아, 나오지 마!"

그러고는 자기가 외쳤으니 뱀이 숨었다고 말한다. 무덤 주변에 핀 매리골드, 토끼풀, 민들레를 가리키며 꽃 이름을 알려주기도 한다. 어린아이가 세상을 어떻게 읽는지 귀 기울이다 보면 절로 웃음이 난다.

이 아이는 만 여섯 살. 태어나서 지금까지 주말과 방학, 공휴일은 거의 외가에서 지냈다. 아빠는 해외 주재원이고, 엄마는 직장에 다니니 양가가 번갈아 돌볼 수밖에 없었다. 어린 시절의 손녀는 딸의 어릴 적 모습을 똑 닮았다. 유치원에 보내지 못했던 딸을 생각하면, 손녀를 돌보는 지금의 시간이 일종의 참회이자 보상처럼 느껴진다.

옥정호를 바라보며 숲길을 함께 걷다 보면 수업을 마치는 종소리가 들린다. 복도에서 들려오는 아이들 웃음소리가 산울림처럼 번진다. 선생님은 병아리들을 이끄는 암탉처럼 아이들을 팔 벌려 몰고 나온다. 흩어지지 않도록 조심스레 걷는 모습은 언제 보아도 정겹다.

작년까지는 분홍색에 빠져 있던 손녀에게, 새 학기에 빨간 구두를 사 주었다. 아이가 신발을 꾹꾹 눌러 신는 모습은 내 눈에 마치 세상 전부를 얻은 듯 기뻐 보였다. 통학버스가 기다리는 입구까지 아이들이 줄을 서서 이동하는 걸, 나는 언덕길에서 내려다보며 기다린다. 그리고 언제나 같은 장면을 맞는다.

"외할아버지다!"

소리치며 달려와 품에 안기는 손녀. 그 순간만큼은 세상 모든 근심이 녹아내린다.

차에 태우기 전, 손을 씻기고 뒤 간식을 주면, 아이는 쉬지 않고 재잘거린다. 점심 메뉴, 체육 시간 이야기, 동시를 배운 일까지 조목조목 늘어놓는다. 아이의 말 속에는 하루가 그대로 담겨 있다.

그러던 어느 날, 딸에게서 문자가 왔다. 미국행 비행기표를 발권했다는 내용이었다. 막연하게 생각한 이별의 현실이 되어 다가왔다. 이삿짐을 싸는 엄마 곁에서 손녀는 "영어를 못하니 가기 싫다"라고 투정을 부리기도 했다. 하지만 떠날 날은 정해졌다.

목요일, 유치원 담임 선생님이 말했다.

"유나는 내일 등원하지 않습니다. 영원한 게 없네요. 아이가 제 손을 꼭 잡고 이렇게 말했어요. '선생님, 우리 나들이 가는 것 같아요."

나는 순간 목이 메어 그저 "그러게요"라는 말만 겨우 내뱉었다.

원생이 열 명에서 다섯 명으로 줄어드는 유치원, 그 작은 공동체마저 아이가 떠나면 허전해지리라. 손녀는 마지막 날에도 "잠깐만 더 놀다 가자"며 내 손을 이끌었다. 운동장에서 미끄럼을 타는 모습을 휴대전화에 담으면서, 나는 이미 다가올 헤어짐에 서운하다.

며칠 후, 손녀는 고모할머니 집에 가고 싶다고 말했다. "내일은 운동화 대신 빨간 구두를 꼭 신을 거야"라며 당부했다. 나는 "응" 하고 대답했지만, 아침에 아내와 함께 나오다가 그만 깜빡했다. 신발장에 놓인 빨간 구두 아닌 운동화를 신고 갔다.

저녁 무렵 고모할머니에게서 문자가 왔다.

"밤 여덟 시까지 더 놀고 싶어 하는데요."

딸이 부탁한 피아노 학원 시간 때문에 손녀는 끝내 아쉬운 작별을 해야 했다. 고모와 하트를 주고받던 아이는 차에 오르자마자 시무룩

해졌다. 창밖을 보며 손만 흔들고 이내 잠이 들었다. 작은 봉투 안에는 고모할머니가 정성스레 쓴 꽃 편지가 들어 있었다.

"사랑하는 유나야,

미국 가서도 아빠 엄마랑 행복하게 잘 지내. 사랑해."

나는 그 편지를 읽으며 밤새 뒤척였다. 신발장 속 빨간 구두가 자꾸만 아른거렸다.

창가에 기대어 달빛을 바라보니, 빨간 구두가 단순한 신발이 아니라는 생각이 들었다. 그것은 아이와의 약속이자, 믿음을 상징하는 매듭이었다. 나는 그 작은 약속조차 지키지 못한 채 이별을 맞이한다. 그러나 인생의 많은 순간이 그렇다. 있을 때는 대수롭지 않게 지나치지만, 떠난 뒤에야 그것이 삶을 붙드는 끈이었음을 깨닫게 된다.

손녀와 걸었던 오솔길, 뱀아 나오지 말라며 외치던 목소리, 친구들에게 "우리 할아버지야"라며 자랑하던 웃음, 이 모든 것이 빨간 구두처럼 내 마음 깊은 곳에 남았다.

세상에 영원한 것은 없다. 그렇기에 우리는 매 순간을 선물처럼 받고 안아야 한다. 아이가 떠난 자리에 남겨진 것은 빨간 구두 한 켤레와 소박한 기억들이지만, 그것이야말로 내 삶을 지탱하는 근간이다.

오솔길은 단지 숲속의 길이 아니었다. 그것은 세대를 잇는 길, 추억을 잇는 길, 떠남과 만남을 이어주는 길이었다. 언젠가 먼 훗날 다시 만날 인연의 증표로, 손녀의 빨간 구두는 내 마음속 띠앗 위에 선명히 찍혀 있을 것이다.

하이, 하이

“하이, 하이, 보고 싶었어요.”

거수경례하며 달려드는 아이의 재롱은 언제나 내 마음을 녹인다. 닷새 만에 다시 보는 손녀는 고사리 같은 손가락으로 내 목을 끌어안고, 등을 두드리다 귀를 만지작거린다.

“엄마도 보고 싶고, 아빠도 보고 싶고, 하이도 보고 싶고, 외할머니도 보고 싶었어. 안전벨트 해야 해요. 빨간불은 안 돼요. 초록불에 건너야 해요.”

아이의 말은 짧지만, 그 속에 가족 모두를 향한 사랑과 배려가 담겨 있다. 밤이 깊어지자, 아이는 하품을 연거푸 했다. “빼, 빼.” 하고 연발하는 건 엄마 품에 안기고 싶다는 신호다. 시트를 빠져나와 엄마의 귀를 잡으면 스르르 잠이 든다. 그 습관은 아이 아빠도 초등학교 때까지 버리지 못했던 버릇이라고 한다. 혈연의 묘한 반복이 사랑스러우면서도 경이롭다.

잠든 지 얼마 되지 않아 차가 멈추자, 손녀는 눈을 뜬다. 예민한 아이는 외할머니 품에 안기자마자 다시 가족들의 이름을 나열한다.

반짝이는 눈동자는 밤새도록 이야기를 쏟아낼 기세다. 장거리 운전을 마친 딸은 곧장 아이와 함께 잠자리에 들었다. 책을 읽어주며 아이를 재우는 딸의 일상은 안쓰럽고도 따뜻하다.

다음 날 아침, 눈을 뜬 아이는 곧장 서재로 들어온다. 어린 시절 딸이 즐겨 부르던 '꼬마 자동차 붕붕', '개구리 소년', '악어 떼'를 들려달라고 했다. 이어서 콩순이, 뽀로로, 타요까지 보고 나면 식사 시간이다. 가족의 일상은 이렇게 이어진다. 글로벌 시대답게 멀리 떨어져 있어도 화상 전화로 이야기가 오간다.

아이의 돌 무렵 반가움에 히틀러식 거수경례로 아이를 보고 '하이' 하며 맞아들였다. 아이는 그 후 '하이, 하이'라는 인사와 함께 손을 올리는 동작이 우리만의 특별한 의식이 되었다. 처음엔 웃어넘겼지만, 시간이 흐르자, 걱정이 앞섰다. 언젠가 아이가 '하일 히틀러'라는 역사적 맥락을 알게 될 때 어떻게 설명해야 할까. 순수한 흉내가 자칫 무거운 의미로 비칠 수 있기 때문이다.

이 아이의 언어는 하루가 다르게 변한다. 아직 세 살도 채 되지 않았는데, 한국말과 영어를 오가며 재잘거린다. "삐약삐약"을 영어로 어떻게 말하느냐고 묻자, 아빠는 "클럭(cluck), 칩(cheep)"이라 답했다. 영어 동요와 텔레비전 프로그램을 집중해 보는 모습은 앙증맞고도 신기하다. 그러나 이사 준비가 차곡차곡 진행되는 모습을 보며, 이별의 시간이 다가옴을 실감한다.

솔직히 말하면, 나는 미국의 무상교육 혜택보다 한국에서 아이가 자라길 바란다. 곁에 두고 보고 싶은 마음이 크다. 어제는 사위 회사에서 "미국에서 자녀 유치원 교육비 지원이 되지 않는다."라고 했다. 혹여 이주 계획이 무산되지 않을까 싶지만, 내심은 차라리 사위가 한국으로 돌아오기를 바란다. 하이, 하이를 외치며 품에 안기는 손녀와 헤어지고 싶지 않기 때문이다.

삶은 늘 만남과 이별의 연속이다. 아이가 "하이"를 외치며 두 팔을 벌리는 순간, 나는 사랑이란 결코 소유가 아니라는 사실을 배운다. 언젠가 멀리 떠나야 하는 존재임을 알면서도, 그 짧은 만남의 시간에 최선을 다해 웃고, 안아주고, 이름을 불러주는 것. 그것이 우리가 아이에게 줄 수 있는 가장 큰 선물일 것이다.

빨간 불에 멈추고 초록불에 건너야 한다고 외치던 손녀 말처럼, 인생에도 신호등이 있다. 멈춤이 있어야 나아감이 있고, 떠남이 있어야 다시 만남이 있다. 언어는 바뀌고, 땅은 멀어져도, 마음 깊이 남는 기억은 절대로 사라지지 않는다.

나는 이제 다가올 이별을 두려워하기보다, 그것을 통해 더 넓은 세계와 연결될 아이의 앞날을 축복하고자 한다. 아이의 입에서 흘러나온 "엄마 행복해"라는 말처럼, 언젠가 손녀가 어디서든 행복하다 고백할 수 있기를 바란다. 그리고 그 순간, 나는 오늘의 기억을 떠올리며 조용히 대답할 것이다.

"하이, 나도 행복하다."

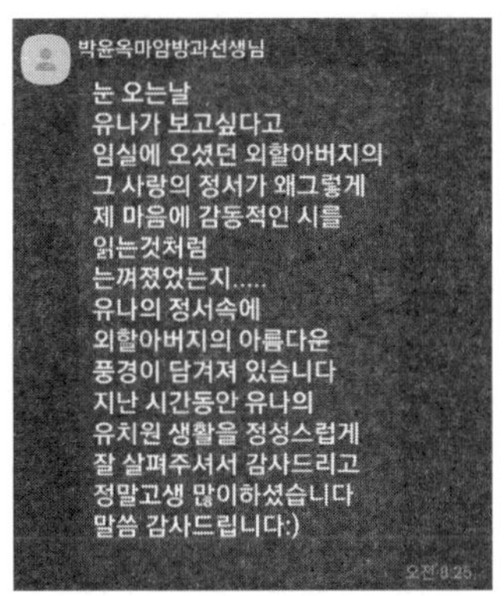

실크로드와 평화의 기원

“실크로드와 동서 문화 교류”라는 박물관 대학 강좌를 윤 선배의 권유로 등록하였다. 전주 국립박물관으로 향하는 길, 갓 태어난 손녀를 안아주다가 시간이 지체되었다. 주말마다 예식장 하객들로 가득 차는 도로가 떠올라 자전거를 타고 갈까 했지만, 가족들은 끝내 만류했다. 차를 함께 타고 도착한 박물관 주차장은 의외로 넉넉했다. 그렇게 딸과 아내, 그리고 강보에 싸인 손녀와 함께 강연장에 들어섰다.

학창 시절, ‘실크로드’라는 이름만 들어도 가슴이 벅차오르던 때가 있었다. 장건과 고선지, 칭기즈칸과 마르코 폴로, 혜초와 에닌, 이븐 바투타. 이름만으로도 먼 사막과 초원이 눈앞에 펼쳐졌다. 1980년대 일본 방송국에서 제작한 〈실크로드〉가 한국에서 재방송되었을 때의 기억은 아직도 선명하다. 황혼 속 낙타 행렬을 배경으로 흐르던 음악은 영혼을 감싸는 듯 애절했고, 그 선율만 나오면 어린 큰딸이 울음을 터뜨렸다. 세월이 흘러, 그 딸이 낳은 아기를 품에 안고 다시 실크로드 강좌에 앉아 있으니 감개무량했다.

비단길은 단순한 교역로가 아니었다. 세계 문명이 서로의 숨결을 나눈 길, 인간이 삶과 죽음을 걸고 건넌 길이었다. 항해술이 발달한 근대에도 감히 넘기 어려운 험로였던 그 길을 걸었던 사람들의 발자취를, 오늘의 강연에서 다시 밟아본다는 사실은 가슴을 설레게 했다. 더구나 강사로 나선 이는 내 고향 출신 국립박물관 아시아 부장이었다.

훈족의 뿌리를 찾아 헝가리까지 이른 독일 방송은, 그들이 신라에서 건너간 민족이라고 결론 내렸다. 16세기, 왕족이었던 수녀 11명이 처형당하고, 1만 1천 명의 처녀가 죽임을 당했다는 역사도 들려주었다. 중국 서안에 가서 본 비림에는 교류의 역사가 남아있다. 당나라 전쟁에 패한 백제 유민들이 끌려갔던 사람들의 흔적이 기록된 비석도 발견되었다. 그 흔적 하나하나는 전쟁과 문명의 교류는 비극과 문화 교류의 기억을 동시에 전해준다.

실크로드 벽화 속에는 중앙아시아 이슬람권 사신과 한반도 사신이 함께 그려져 있다. 고선지 장군과 장보고, 의상과 혜초 같은 인물들이 동서 문명의 가교가 되었음을 우리는 역사 속에서 확인한다. 그러나 문화와 역사는 늘 정치의 도구가 되기도 했다. 힘 있는 나라는 번성하고, 힘없는 나라는 지워졌다. 열강의 틈바구니에서 우리 한반도의 후손들은 오직 평화를 염원할 수밖에 없었다.

실크로드의 음악에 울던 아이가 이제는 자라 학부모가 되었고, 그 아이가 낳은 또 다른 아이가 내 곁에 있다. 세월은 그렇게 이어지고, 역사는 다시 순환한다. 강연장을 가득 채운 사람들 사이에서 나는 조용히 기도했다. 우리 아이와 손녀, 그리고 그들의 후손들이 다시는 전쟁과 비극을 겪지 않기를. 이 땅에서 평화롭게 숨 쉬고, 행복하게 살아가기를. 언젠가 통일된 나라에서 자유로운 미래를 꿈꾸기를…….

실크로드가 단순한 교역의 길이 아니라 인간 존재가 남긴 발자취라면, 그것은 곧 삶과 죽음, 만남과 헤어짐이 반복되는 윤회의 길이기도 하다. 낯선 민족과의 교류, 문명의 충돌, 전쟁과 화해의 순환 속에서 인간은 늘 같은 질문을 되뇌었다. 어떻게 살아야 하는가, 무엇을 남겨야 하는가.

내 품에 잠든 손녀를 바라보며 문득 실크로드로 먼 여정을 떠난 옛사람들의 심정을 떠올린다. 그들은 생명을 걸고 길을 나섰지만, 그 길의 끝에서 결국 마주한 것은 부와 권세가 아니라 또 다른 생명, 또 다른 삶이었다. 길 위에서 만난 서로 다른 얼굴들이 결국은 하나의 인간임을 깨닫게 되었을 것이다.

역사는 늘 반복되고, 세대는 이어진다. 나의 어머니와 딸, 그리고 손녀에 이르기까지 세대의 윤회가 있듯, 문명 또한 주기적으로 흥망을 거듭한다. 하지만 흥망의 파도 속에서도 사라지지 않는 것은 인간이 인간을 향해 내미는 따뜻한 손길이다. 그것이야말로 실크로드가 남긴 가장 큰 유산이다.

그러므로 이제 우리가 걸어야 할 길은 또 다른 비단길이다. 그것은 눈에 보이는 사막의 길이 아니라, 보이지 않는 마음의 길이다. 타인의 고통을 내 고통으로 여기고, 타인의 기쁨을 내 기쁨으로 삼는 길. 그 길 위에서 비로소 전쟁의 모래바람은 멈추고, 평화의 바람이 분다.

손녀의 고른 숨소리를 들으며 생각했다. 인류의 역사는 삼각관계처럼 긴장과 갈등을 품고, 윤회처럼 돌고 도는 순환 속에 놓여 있다. 그러나 그 순환을 향기로운 인연으로 바꾸는 것은 결국 인간의 선택이다. 오늘 우리가 실크로드의 의미를 되새기는 까닭은, 그 길 위에 새겨진 교류와 갈등을 넘어, 후손들에게 평화의 길을 열어 주기 위함일 것이다.

실크로드는 끝난 길이 아니라 아직도 이어지는 길이다. 그리고 그 길의 다음 걸음을 내디딜 이는 바로 우리 아이들이다.

엄마가 보고 싶다

기온 탓일까. 가을 해가 저물 무렵, 모녀가 헤어지는 장면은 유난히 가슴을 시리게 한다. 네 살배기 아이와 엄마가 헤어지는 일요일 오후는 더욱 그렇다.

나는 문득 오래전 마당에서 보았던 병아리와 어미 닭을 떠올린다. 줄탁동시로 깨어나 처음 내지른 소리는 "삐약"이었고, 어미 닭은 "꼬꼬 꼭" 하며 그 울음에 화답했다. 그 작은 부름과 응답은 세상에 나와 처음 맺는 관계의 약속이었다. 어린 병아리들은 어미의 발자국을 따라다니다가도, 먹이가 끝나면 날개 밑으로 파고들어 잠이 들었다. 그러나 품에 들지 못한 병아리는 곧 시들시들하다가 생명이 꺼져갔다. 그 작은 몸을 텃밭에 묻을 때마다 알 수 없는 허망함과 슬픔이 몰려왔다. 장날에 아버지가 사 온 새끼 돼지나 강아지가 밤새도록 어미를 찾아 울던 모습 또한 지금도 귓가에 생생하다.

이제 그 모습은 내 외손녀에게 겹친다. 한창 엄마의 손길이 필요한 나이에 양가의 할아버지와 할머니 손에서 자라는 아이. 아플 때면 어린 시절 본 강아지의 깽깽거리던 모습이 떠올랐다. 서로 멀리 흩어져 사는 가족의 현실은 안쓰럽다. 맞벌이가 보편화 된 시대, 아이를 조부모가 맡아 기르는 집안이 늘었다. 우리 가족도 예외는 아니다.

딸은 매주 금요일 저녁이면 딸을 보려고 내려왔다가, 일요일이면 다시 떠난다. 함께하는 시간은 짧고, 만남과 이별이 교차한다. 만나자마자 환호성이 터지지만, 떠나는 순간 목소리는 금세 울음이 된다.

"엄마, 가지 마세요. 저녁 먹고 가세요."

손녀가 엄마를 붙잡는 그 애절한 눈빛은 보는 이의 마음을 흔들어 버린다.

그러나 바쁜 딸은 짧은 만남의 시간조차 온전히 지키지 못할 때가 있다. 약속보다 조금 늦게 도착한 엄마에게 아이는 짜증을 부리고, 우리 부부는 묵묵히 기다렸다. 그럴 때마다 나는 마음속으로 다짐한다. 한솥밥을 먹는 식구란, 서로 기다려 주는 사이여야 한다고. 여유를 잃은 시대 속에서 삼시 세끼를 함께하는 식구의 의미조차 점점 사라진다. 짧은 외식 후, 또다시 딸과 손녀는 터미널에서 헤어진다. 차에서 내리며 딸이 내 손을 꼭 잡고 "아빠, 미안해"라 했을 때, 완고했던 서운함이 금세 허물어진다. 하지만 헤어짐의 순간은 늘 가슴을 아프게 한다. 엄마를 따라가고 싶어 울먹이는 아이, "다섯 밤만 자면 다시 온다"라는 약속을 믿으려 애쓰는 아이의 표정은 애처롭기만 하다.

그리고 어느 순간, 아이는 울음을 그치며 말한다.

"할아버지, 엄마가 보고 싶어."

그 말을 들을 때마다 나 또한 요양원에 계신 어머니가 보고 싶어진다.

세상 모든 아이는 엄마를 그리워한다. 그리고 세상 모든 어른은 언젠가 자신도 그리움의 자리에 선다. 아이가 엄마를 부르듯, 나도 어머니를 부르고 싶다. 언젠가는 내 딸과 손녀도 또 다른 그리움의 부름 속에 서게 될 것이다. 어쩌면 삶이란, 그렇게 세대를 거듭하며 이어지는 "엄마가 보고 싶다"라는 영원한 고백이 아닐까.

그럼에도 나는 "엄마가 보고 싶다."라는 말을 고백하지 못했다.

슈퍼문과 손녀

완산칠봉 위로 보름달이 휘영청 떠오른다. 장마 끝에 드러난 달은 유난히 선명했다. 아내와 함께 걷던 산책길, 가슴 저린 외로움이 불현듯 밀려왔다. 14년 후, 2037년 1월, 오늘 같은 슈퍼 블루문이 다시 뜬다고 한다. 그러나 인간은 태어나면 언젠가는 죽는다. 과연 그날까지 살아 있어 다시 이 달을 볼 수 있을까, 알 수 없는 일이다.

65번째 생일을 맞아 둘째 딸 가족과 함께 떠난 여행지에서, 아내는 큰딸과 통화 중이었다. 그러나 한참을 침묵으로 듣기만 했다. 머나먼 타국에서 전해온 외로움의 하소연이었을까. 아내의 일그러진 얼굴에 복잡한 감정이 스쳤다. 나는 문득 '내년까지 살아 있어야 할 이유'에 회의가 일었다. 선친께서는 1987년, 일흔여섯의 나이로 세상을 떠나셨다. 결혼 초, 우리 부부는 "아버지보다 한 해만 더 살자"고 약속했다. 그 약속대로라면, 슈퍼문을 다시 볼 수도 있을 것이다.

급성 심근경색으로 죽음의 문턱을 넘은 지도 어느덧 다섯 해가 흘렀다. 앞으로 14년을 더 산다면, 지금 어린 손녀와 손자들이 우리 부부가 결혼했던 이십 대 청년이 되어 있을 것이다. 고손자를 품에 안았던 어머니의 만백 삶은 행복할까? 기나긴 세월이 반드시 복된 것만은 아니다. 자식에게 부담주는 노년은 과연 의미 있는 삶일까? 달이 떠오를 때마다 자꾸만 손녀를 생각한다.

"할아버지, 달님은 왜 자꾸 저만 따라와요?"

세 살 무렵부터 아이가 되풀이해 묻던 질문이다. 나는 초등학생 가수가 부른 노래를 가르쳐 주었다.

"길을 걷는다, 끝이 없는 이 길……."

손짓까지 흉내 내며 노래하던 손녀는 어느 날부턴가 그 노래를 부르지 않았다. 아마도 서글픈 가사 때문일 것이다. 여름 방학을 맞아 귀국한 손녀에게는 "엄마야, 누나야, 강변 살자"라는 동요를 알려주었다. 맑은 목소리로 금세 따라 부르던 아이의 노랫소리는, 화상 통화를 끊은 뒤에도 귀전에 메아리친다.

아내는 손녀와 화상통화를 자주 한다. 지구 반대편에서 "달님 보러 나갈 래요" 라며 뛰쳐나가는 아이의 모습이 눈앞에 선하다. 손녀는 분명 달을 보며 무언가 소원을 빌었을 것이고, 이내 엄마 품에 안겨 잠이 들었을 것이다. 그 순수한 마음을 떠올리면 가슴이 저려 온다.

내 마음이 가장 닫혔을 때도 손녀는 "할아버지, 웃어 보세요."라며 나를 일으켜 세웠다. 그러나 그런 손녀를 낳아준 딸의 가시 돋친 말이 달 속에 남아있다. 슈퍼문이 뜬 오늘, 우연히도 딸의 생일이다. 첫딸을 품에 안았던 날, 창밖으로 떠오르던 달빛이 영화의 한 장면처럼 스쳐간다.

밝은 달은 동쪽 하늘에서 서쪽으로 천천히 궤적을 그리며 이동한다. 그 푸른 하늘을 가로지르는 달처럼, 내 마음 깊은 곳에 숨겨 두었던 외로움도 함께 흘러간다. 어느새 나는 깨닫는다. 내 마음속의 슈퍼문은 손자와 손녀였음을. 응어리진 마음도 그믐달처럼 사라져 가고, 남는 것은 오직 따뜻한 그리움이다.

그러나 달은 매달 차고 이지러지며, 다시 차오른다. 인간의 생도 마찬가지다. 언젠가는 기울어 사라지지만, 그 뒤를 이어 또 다른 생명이 솟아난다. 손녀의 노랫소리와 맑은 눈빛은 내 생의 빈 곳을 채우며, 다시 이어질 미래를 비춘다.

나는 문득 묻게 된다. 삶이란 달처럼 차고 기우는 것이라면, 우리는 그 빛으로 무엇을 비추며 살아야 하는가? 죽음이 필연이라면, 남은 생은 어떤 의미로 채워야 하는가. 달빛 아래 서 있는 나의 그림자처럼, 이 질문은 오래도록 내 곁에서 머문다.

제3부

내 마음의 고향

내 고향은

내 고향은 전라북도와 전라남도의 경계에 있는 고창이다. 북쪽으로는 부안과 정읍, 남쪽으로는 영광과 장성군 경계를 이룬다. 내가 태어난 곳은 해리면 광승리 내경마을이다. 내경은 '안쪽 서울'이라는 뜻을 품고 있다. 정남향에는 배 멘 바위가 보이고, 남서쪽 앞산에 오르면 서쪽 칠산바다 노을이 한눈에 펼쳐진다. 북쪽으로 시선을 돌리면 변산반도의 줄포만이 이어지고, 그 끝에 위도 앞바다에 형제섬이 떠 있다. 동호 해수욕장과 죽도, 금광 바다와 위도 사이에는 큰여와 작은여는 돌로 된 암초이고, 무인도 쌍여가 있다. 어린 시절 내 눈에는 그 섬들이 늘 신비롭게 다가왔다.

광승이라는 지명은 '빛'을 뜻한다. 이름처럼 마을은 석양빛과 달빛을 고스란히 품는다. 마을을 감싸 안는 솟구재 정상에 서면, 서쪽 바다와 더불어 멀리 영광 원자력 발전소 원자로의 둥근 지붕 위로 노을빛이 겹친다. 그 빛을 바라볼 때면 설명할 수 없는 그리움이 가슴을 채웠다.

일요일이나 방학이면 나는 솟구재에 올라 하모니카를 불었다. 서해에 노을이 질 무렵, "하얀 조가비와 인어 이야기" 노래를……. 수평선 끝에 돛단배 하나 떠 있고, 붉은 노을빛은 바다를 물들였다. 그 풍경 앞에서 나는 어린 마음에도 '사랑과 기다림은 무엇일까' 하는 막연한 생각을 품곤 했다.

동남쪽으로는 선운산이 다가온다. 그곳에는 아기를 업은 채 뒤돌아보다 돌이 되었다는 '배 멘 바위'에 까까머리 중학생 시절, 친구와 함께 바위 중턱까지 올랐었다. 절벽에는 조가비와 고동의 화석이 촘촘히 박혀 있었고, 바위 속에 바다가 새겨져 있다는 사실은 청소년기에 알게 된 놀라움이자 깨달음이었다.

마을 뒤 갯벌은 계절 따라 풍요롭다. 조개, 소라, 까네미, 바다가재, 백합이 바구니 가득 담겼다. 때로는 무거워서 도중에 버리기까지 했다. 태풍 뒤에는 조개가 밀려왔고, 조기떼가 몰려들면 바닷가는 '부욱, 부욱' 울음 같은 소리로 가득 찼다. 바닷가에서 축구와 야구를 하다 그대로 바다에 뛰어들어 수영을 즐겼고, 추석 무렵이면 대나무 낚싯대를 드리워 망둥어를 낚았다. 손끝에 전해지던 짜릿한 감각은 아직도 잊히지 않는다.

뒷산에는 고사리와 버섯이 자생했고, 농약이 없던 시절 논과 수로에는 참게, 붕어, 미꾸라지, 드렁 허리, 장어가 흔했다. 장군바위라 불리던 바위는 마치 전설 속 인물이 머물던 자리처럼 우뚝 서 있었다. 혹여 패잔병으로 남았던 당나라 군사가 고향을 그리워하며 앉아 쉬던 흔적은 아니었을까.

어린 시절 나는 금광의 흔적이 남은 동굴 속에서 솟아나는 샘물에 몸을 담그곤 했다. 차갑고 맑은 물줄기는 온몸을 깨우는 듯했고, 그 시절의 기억은 청춘의 맑음처럼 내 삶 속에 깊이 스며들었다.

세월이 흘러 이제는 고향을 떠나 살아가지만, 문득문득 그곳의 풍경과 냄새, 바람과 빛이 그리워진다. 바닷가의 모래, 하모니카 소리, 화석 바위와 갯벌의 조개들이 마음속에 그림처럼 남아 있다. 쌀쌀한 가을밤이면 나는 여전히 칠산 앞바다의 황금빛 노을을 떠올린다. 그 노을 속에는 어린 날의 나, 그리고 내 고향이 고스란히 담겨 있다.

고향은 단순히 태어난 땅이 아니다. 그것은 기억의 근원이며, 삶을 지탱하는 뿌리다. 바다에 떠 있던 무인도들, 갯벌의 조개와 소라, 화석이 박힌 바위와 샘물. 그 모든 것은 사라지지 않고 지금도 내 안에서 살아 있다. 삶은 끊임없이 흘러가는 강물과 같아서, 우리는 제 갈 길을 떠나야 하지만, 강물의 근원은 언제나 고향이다. 고향은 내가 걸어온 발자취를 비추는 거울이자, 내가 다시 돌아가 안길 마지막 품일 것이다.

이제는 알겠다. 고향은 땅이 아니라 '나의 기억 속 풍경'이며, 시간 위에 쌓여 있는 내 존재의 한 결이다. 그러므로 내가 어디에 있든, 고향은 늘 내 안에서 함께 호흡한다. 고향은 결국 '나 자신'인 것이다.

내 마음의 꼴

고대 철학자 소크라테스를 불러낸 사람은 대중가수다. “세상이 왜 그래”라는 노랫말은 시대를 향한 하소연 같기도 하고, 코로나19의 고통 속에서 인류를 위로하는 듯하다. 국민가수 나훈아가 불렀기에 더 울림이 깊었다. 그는 유언비어에 휘말렸지만, 세월이 흐르며 진실은 제자리를 찾았다. 대중은 결국 다시 그의 목소리에 귀 기울였다. 노래와 철학의 만남이 오늘을 사는 우리에게 주는 감흥은 특별하다.

고대 그리스의 위대한 사상가 소크라테스는 “너 자신을 알라”는 말을 남겼다. 여섯 글자는 짧지만 깊다. 자신을 안다는 것은 결코 쉬운 일이 아니다. 우리는 종종 타인을 거울삼아 비로소 나를 발견한다. 부족함을 인정하고, 무지를 깨달을 때야 가능하다. 그러나 현실 속 인간은 남을 탓하고 세상을 꾸짖으면서도 정작 자신의 꼴은 외면한다. 그래서 그의 가르침은 수천 년이 지나도 여전히 유효하다.

오늘날 정치인과 통치자를 보라. 권력과 부를 세습하면서도 서민의 고통을 외면한다. 어떤 국회의원 아들은 음주 운전과 공무집행방해에도 불구속되고, 또 다른 이는 퇴직금 50억 원을 챙겼다. 이는 개인의 일탈이 아니라 특권의 제도화다. 국민을 위한다는 명분은 허울뿐이고, 정치란 결국 자신들의 기득권을 지키는 장치로 전락한다. 국민을 볼모로 내란을 획책한 계엄령을 선포하였다. 이런 현실에서 "너 자신을 알라"는 물음은 가장 먼저 그들에게 던져야 한다.

인간은 종종 전체를 보지 못한 채 부분만 보고 착각한다. 장님 코끼리 만지듯, 작은 단편으로 전체를 설명하려 들며 오만에 빠진다. "너 자신을 알라"는 말은 바로 그 오만을 경계하라는 교훈이다. 코끼리라는 말조차 긴 코에서 비롯되었다는 설이 있듯, 우리는 언제나 부분과 전체를 혼동하는 유혹에 빠진다. 진정한 지혜는 자신의 무지를 아는 데 있다. 소크라테스가 "악법도 법이다"라며 사약을 마신 까닭도 원칙을 저버리지 않겠다는 자기 인식의 실천이었다.

케이 팝은 이제 세계 무대에서 울려 퍼진다. 그 노랫말 속에는 시대의 아픔과 젊은 세대의 열망이 담겨 있다. 〈테스 형〉 역시 단순한 유행가가 아니다. 대중가요가 철학과 만나는 순간이며, 삶의 고단함을 풀어내는 일상의 철학이다. 대중은 그 노래를 흥얼거리며 소크라테스의 질문을 생활 속으로 끌어온다. 그것은 학문적 해설이 아니라, "세상이 왜 그래"라며 내뱉는 인간의 진솔한 목소리다.

정치인들이여, 이 노랫말을 가볍게 흘려듣지 말아야 한다. 남의 허물만 탓하기 전에, 자신의 꼴을 먼저 돌아보아야 할 것이다. 꼬락서니를 안다는 것은 부끄러운 내 모습을 직시하는 것이다. 그 성찰이 없다면 사회는 불신과 분열로 깊이 빠져들 것이다. 국민은 코로나19

의 재난 속에서 일용직, 계약직, 비정규직과 소상인들까지 힘겹게 살아간다. 그 고통을 함께 짊어지지 못한다면 정치의 존재 이유는 없다.

소크라테스는 바보가 아니었다. 그는 자신의 무지와 오만을 깨닫고, 진리를 추구하는 삶으로 실천했다. 오늘 우리에게 필요한 것도 다르지 않다. 자신을 알고, 타인을 헤아리고, 전체를 바라보며, 가장 작은 자의 눈물을 닦아주는 지도자와 국민의 자세다.

가왕의 목소리로 부르는 테스 형은 결국 우리 자신을 부르는 노래다. 나의 꼴을 들여다보고, 내 마음의 형상을 마주하는 일. 그것이 곧 나를 아는 길이다. 삶이 깊어질수록 이 진리를 새삼 깨닫는다.

내 마음의 꼴은 늘 부끄럽고 어설프다. 그러나 그 부끄러움이야말로 나를 인간답게 만든다. 자신을 알 때, 세상을 조금 더 이해하게 되고, 타인의 고통에 더 가까이 다가갈 수 있다. 결국 삶이란, 나를 알고 너를 아는 길 위에서 함께 걸어가는 것 아닐까.

선운사 추억

선운산 하면 가장 먼저 떠오르는 것은 도솔산 자락이 품어주는 포근함이다. 둥그런 산봉우리들이 어머니의 품처럼 감싸안아 주던 그 느낌은, 어린 시절 봄 · 가을 소풍 때마다 마음에 고이 새겨졌다. 계곡에 발을 담그고 가재를 잡아 병에 넣던 기억, 진흥굴 앞 장사송을 올려다보며 신기해하던 눈길은 아직도 또렷하다. 척박한 바위틈에도 뿌리내린 작은 소나무를 보고는 '생명의 끈질김'을 어린 마음에도 감탄하며 글로 적었고, 그 덕분에 상장과 노트를 받기도 했다.

중학교 시절에는 친구와 버스비를 아끼려고 무작정 선운사 뒷산으로 올라갔다. 우거진 숲길에 길을 잃고, 선물 받은 만년필을 잃어버리기도 했다. 해가 저물자 어둑한 산속에 여우 울음이 퍼지고, 가슴이 철렁 내려앉았다. 두려움 속에서도 계곡 따라 발걸음을 옮기던 그 밤은, 지금 돌아보면 젊은 날의 무모함이자 용기의 한 조각이었다.

선운사 하면 빼놓을 수 없는 것이 동백꽃이다. 대웅전 뒤 동백 숲은 미당 서정주가 시심을 얻은 명품 숲이자, 내 학창시절 추억이 깃든 장소다. 고등학교 가을 소풍날, 미당 시비 아래서 친구들과 포도주를 몰래 마시고 발각되었던 웃지 못할 추억. 얼굴이 벌게진 친구가 끝내 혼자 마셨다고 우겼다. 벌칙을 받은 일은, 이제는 다정한 웃음으로 남아 있다.

가을 선운산은 또 다른 절경을 선물한다. 추석 무렵 붉게 피어나는 상사화, 계곡에 어린 단풍이 비치던 물빛, 녹차밭으로 이어지는 산책길의 청량함. 이 모든 풍경은 내게 단순한 자연의 아름다움이 아니라, 마음을 정화하는 치유의 공간이다.

선운사는 단지 풍경만이 아니다. 추사의 글씨가 새겨진 부도비, 병영터의 흔적, 그리고 조계종 본산으로서의 역사까지. 어린 시절 검은 비석에 탁본을 뜨던 이들을 그저 한가한 사람쯤으로 여겼지만, 훗날 그것이 추사의 글씨임을 알고 나서는 부끄러운 웃음을 지었다.

선운사 앞 들녘은 복분자와 풍천장어로도 유명하다. 예부터 절 스님들이 소금과 약초, 그리고 복분자를 처음 재배해 고을에 전한 것이라 한다. 법성포에서 시작된 불교 전래의 맥락 속에서, 선운사는 단지 사찰이 아니라 삶과 문화의 터전이었다.

오늘날 선운사를 찾으면, 나에게는 단순한 유적지가 아니라 어린 시절의 웃음과 두려움, 청춘의 발걸음과 어른이 되어 맛보는 식도락까지 겹친 복합적인 장소다. 운동을 마친 뒤 지인들과 함께 풍천장어와 바지락을 안주 삼아 복분자주 한 잔 나누면, 그곳은 어느새 추억과 현재가 어우러진 향연의 무대가 된다.

선운산의 풍경과 선운사의 역사, 그리고 복분자의 향취 속에서 나는 깨닫는다. 여행이란 단지 눈으로 보는 경치가 아니라, 시간과 기억, 그리고 사람의 온기가 빚어내는 맛이라는 것을. 선운사의 동백꽃이 매년 같은 자리에서 다시 피어나듯, 나의 기억 속 선운사도 계절 따라 새로운 색을 입는다.

그래서 선운사에서의 식도락은 단순한 먹거리의 향유가 아니다. 그것은 살아온 날들을 돌아보고, 자연과 인간, 역사와 문화가 어우러진 삶의 '맛'을 음미하는 일이다. 나는 그 맛을 오늘도 가만히 되새기며, 다시금 속삭인다.

"선운사여, 그대는 내 인생의 배후이자, 추억의 한 조각이로다."

선운사 상사화(김장용 제공)

시하 젓 한 통

초등학교 친구가 시하젓 한 통을 들고 찾아왔다. 시골 동호에서 작은 어선을 가진 그는 계절마다 주꾸미와 소라며 꽃게, 오디까지 가져왔다. 학비를 감당하지 못해 집이 경매에 처한 그를 돕게 된 인연으로 시작된 그의 호의는 남달랐다.

시하젓은 세하젓의 전라도 사투리다. 오월부터 유월까지, 서해 연안에서 민물과 바닷물이 섞이는 수역에서 잡히는 작은 새우를 오젓, 육젓이라고도 한다. 갓 잡은 새우는 너무 작고 투명하여, 민물에 씻을 때면 물인지 새우인지 분간하기 어려울 정도다. 띠끌과 검불을 걷어내고 채반에 일일이 거른 뒤 고추장 양념으로 버무리면 단맛이 난다. 세細할 세 자와 새우 하蝦를 써서 '세하젓'이라 하지만, 우리는 오래도록 '시하젓'이라 불렀다. 친구가 건네준 플라스틱 통 안에는, 단순한 젓갈이 아니라 그의 땀과 정성이 고스란히 담겨 있었다.

새우 잡이는 고된 일이다. 허리까지 차오른 바닷물에 들어가 네 귀퉁이 끈을 허리에 차고 '내림'이라 불리는 모기장 그물을 끌며 뒷걸음질 쳐야 한다. 몇 시간 동안 바닷속을 걸어 다니다 보면 땡볕에 머리는 아찔하고, 다리는 휘청거린다. 간혹 새우 떼를 만나면 짧은 시간에 한 소쿠리를 잡기도 하지만, 대개는 기온과 물때에 따라 빈 손으로 돌아오기 일쑤다. 부력을 견디며 건져낸 새우가 육지로 나오면 곧 무거운 짐이 되어 어깨를 짓누른다. 그렇게 힘들게 잡은 새우를 소금에 절여 가져왔으니, 내가 고기를 대접하지 않을 수 없었다.

친구는 소나무처럼 평생을 고향에 뿌리내리고 살았다. 변변한 소득이 없는 시골 생활에 지친 아내는 일찍이 집을 나갔고, 그는 홀로 두 딸을 키웠다. 학비를 마련하려 빚을 지고, 그 빚에 이자가 불어나 결국 경매로 내몰렸다. 딱한 사정을 전해 듣고 내가 보증을 서 주어 대환대출을 받게 했다. 시간이 흘러 두 딸을 혼인시키고, 마침내 빚도 갚았다고 그는 내게 말했다. 그러면서 백령도에 고임금 일자리로 간다며, 시하 젓 한 통을 들고 와 "이제 살 만하다"라고 웃었다.

그러나 그 웃음은 오래가지 못했다. 친구는 떠나기 전 고향 친구들과 술자리를 가진 뒤, 집으로 돌아와 선풍기를 틀어 놓은 채 잠을 자다가 숨을 멈췄다. 그렇게 그가 가져온 시하 젓 한 통은 마지막 선물이 되고 말았다.

장례를 마친 후, 그의 유족이 찾아왔다. 나는 그가 힘겹게 모은 재산을 자식들에게 찾도록 역할을 다했다. 오직 자식만을 위해 삶이자 자식을 위해 남긴 유산이었다. 안도현 시인의 시에 등장한 꽃게처럼, 그는 검은 술을 벌컥벌컥 들이 키고 조용히 삶을 마감했다.

소금에 절여 썩지 않는 시하 젓 같은 그의 인생 또한 짭조름하고도 애잔하다. 지금도 냉장고 안에 남아 있던 시하 젓은 김치와 생채의 양념으로 버무려진다. 새우젓을 볼 때마다, 바닷바람에 그을린 친구의 얼굴이 떠오른다. 그 마지막 선물이 입안에서 짭짤하게 머무를 때마다, 나는 묻는다.

"그의 인생은, 결국 소금에 절인 세하젓 같은 것이 아니었을까."

전주비빔밥의 유래와 문화적 의미

— 왕가 제사에서 세계 식탁으로

20세기 항공기 기내식으로 선정된 전주비빔밥은 오늘날 세계인이 즐기는 대표적인 한국 음식이다. 기내식은 전주 가족회관의 김년임 씨가 만든 비빔밥이 기준이 되어 전주비빔밥을 세계에 알린 주역이 되었다. 비빔밥의 문헌상 기원은 1800년대 후반에 편찬된 조리서 『시의전서是議全書』에서 찾을 수 있다. 이 책에는 "섞을 골汩" 또는 "비빔밥 동潼"이라는 표현이 등장하는데, 이는 밥에 여러 반찬을 섞어 한데 비빈다는 뜻으로, 오늘날 비빔밥 원형을 보여주는 귀중한 기록이다.

『시의전서』는 상 · 하 두 권으로 구성된 작자 미상의 필사본이다. 양반가의 조리법을 담은 조선 후기의 중요한 요리문헌으로 미루어 보면

첫째 조선왕조 궁중 설 : 임금과 종친이 입궐했을 때 먹던 식사에서 비롯되었다는 설,

둘째 농번기 간편식 설 : 바쁜 농사철에 손쉽게 한 끼를 해결하기 위해 만들어졌다는 설,

셋째 음복설飮福說 : 제사 음식을 한데 모아 나누어 먹던 '신인공식神人共食'의 풍습에서 비롯되었다는 설이 그것이다.

음식이 문헌에 기록되는 시점은 이미 널리 전파된 이후라는 점에서, 비빔밥은 『시의전서』가 쓰이기 이전부터 민간에서 상용되었음을 짐작할 수 있다. 『승정원일기』와 전주 조경묘, 경기전 중양절사 등의 기록을 살펴보면, 18세기 영조 대왕 시기인 1700년대 중반이전 이미 제사와 참배객 오찬에서 비빔밥을 제공한 사실이 나타난다. 이러한 사실은 전주이씨 종중의 구전과도 일치하며, 왕가의 제사 밥상에 비빔밥이 탄생했다는 설을 뒷받침한다.

조선왕조의 조경단과 경기전 제사는 현제도 그렇지만 왕조시기에는 더욱 많은 전국의 종친과 고관들이 참석하였다. 이들에게 동일한 식사를 효율적으로 제공하기 위해 고안된 것이 바로 비빔밥으로 본다. 대량의 유기나 목기, 사기그릇을 준비하지 않고, 밥과 나물을 한 그릇에 담아 제공함으로써 시간 · 공간 · 노동력의 효율을 극대화한 식문화 혁신이었다. 제사상에 오르던 전주의 각종 채소와 콩나물이 비빔밥의 재료가 되었고, 이렇게 탄생한 음식이 참반객들 사이에 큰 호응을 얻어 전국으로 전파되었다.

왕실 제사에 참석한 종친과 전라감영 관리들까지 이 음식을 접하면서, 비빔밥은 궁중요리로 격상되고, 마침내 전주를 대표하는 음식으로 자리 잡았다.왕가 제사에서 사용된 비빔밥의 주재료는 콩나물과 각종 나물류였다. 이 재료들은 준비하기 쉽고 영양 또한 풍부해 다수의 인원에게 동시 식사제공에 적합했다. 이는 단순한 음식이 아니라 합리적 식문화의 발명이며, 다중 식시의 과학적 관리 방식이었다.

현대 영양학적 관점에서도 비빔밥은 매우 우수한 균형식이다. 서울의대 교수팀의 조사에 따르면, 100세 이상 장수 노인 120명의 식단 중 다수가 채소 위주의 한식이었으며, 이들 중 당뇨나 간염 환자는 단 한 명도 없었다고 한다. 혈액검사에서도 젊은 층보다 건강지표가 양호했다는 보고서가 있다. 비빔밥이 미국이나 유럽 등 중국에서도 웰빙 건강식으로 주목받는지를 잘 보여준다. 유교문화권의 제사에는 엄격한 위계가 존재하지만, 비빔밥은 그 질서를 완화시켰다. 신분과 지위에 관계없이 한 그릇의 음식을 함께 나누는 행위는 계급을 초월한 평등의 상징이었고, 공동체적 나눔의 문화를 실천한 사례였다.

비빔밥은 쌀밥과 채소를 기본으로 한 소박한 식단이다, 하지만, 그 내용물 속에 시간과 장소, 영양과 사회 통합이 어우러진 4차원적 지혜가 담겨 있다. 전주이씨 왕가의 제사에서 비롯된 비빔밥은 나눔의 현장에서 탄생된 평등의 음식문화이자, 오늘날 인류가 공유하는 격조 높은 문화유산으로 남았다.

전주비빔밥은 단순한 한 그릇의 음식이 아니다. 그 안에는 왕실 제사의 전통, 여성의 노동을 덜어준 실용적 지혜, 그리고 평등과 공존의 정신이 깃들어 있다. 전주의 비빔밥은 한국인의 미각과 공동체 의식이 빚어낸 결정체다. 세계인의 식탁에서 함께 비비는 인류 음식의 대명사, "전주비빔밥"이다.

첫사랑 연가

첫사랑의 아련한 추억은 누구에게나 소중하다. 아련한 추억은 결혼과 함께 무덤까지 가는 사연은 영화와 소설의 공통된 현상이다. 아내는 내가 첫사랑이라고 고백하면서 내 첫사랑에 관하여 묻기도 했다. 시원한 대답을 하지 못하는 남편에게 건너 집어서 고백을 유도하기도 했다. 첫사랑 연속극이 방송되던 해였다. 아내는 연속극을 보면서 집요하게 나의 첫사랑을 알고 싶어 했다. 웃어넘기면서도 연속극에 자꾸만 빠져들었다. 연속극 사상 66%의 시청률을 기록한 연속극을 보면서 누구나 가슴 설레던 첫사랑을 상상했으리라. 주인공 탤런트는 최수종이다. 그의 연기도 좋았지만, 가정생활의 모범이 되는 그를 참 좋아한다. 아들과 딸 연속극을 보면서 귀남이 역할을 하던 그를 보고 두 딸은 막내아들을 구박하기도 했다.

10여년이 지나던 해에 첫사랑 주인공이 연극(의사 안중근)의 주연배우가 되었다. 사극 대조영에서 선 굵던 연기를 하던 그는 자신의 연기력을 끌어올리기 위해 안중근 배역을 맡았다고 하였다. 100주년 기념

주인공으로 캐스팅되어 서울과 부산, 광주. 대전 등지에서 공연했다. 광주 김대중 기념관 연극이 끝나던 마지막 날 주인공들과 같은 밥상에 앉았다. 주인공 최수종은 물론 중견 여배우 정혜선, 이토오 배역 기정수의 사인을 받았다. 식탁에 마주 앉은 주인공은 브라운관에서 보던 배우가 아니었다. 가냘픈 몸매로 타인을 배려하던 그는 배고픈 조연배우들을 챙기는 모습이 감동이었다. 연극 "의사 안중근"은 순국한 중국의 여순과 일본에서도 공연되었다. 귀로에서 출연 배우 2명이 내 차에 동승했다. 그들과의 뒷담화에서 주인공의 진면목을 좀 더 깊이 알게 되었다. 첫사랑 주인공 최수종 하희라 부부는 워낙 착하고 잡음 없이 살아가는 대표적 연예인이다.

2010 퇴직 후에 터키로 여행을 떠났다. 당시 터키에는 대조영 연속극이 방영되던 시기다. 터키 국민은 한국인을 살갑게 대해주었다. 베트남에 휩쓴 축구 감독 박항서 신드롬처럼 연속극 주인공에 대한 열광을 보았다. 소피아 성당과 박물관, 아나투르크 기념관 등지에서 나는 청소년들에게 둘러싸였다. "최수종을 닮았다."라며 같이 사진을 찍자던 그들과의 추억을 잊을 수가 없다. 진짜로 내가 배우와 닮았나? 하는 착각도 했었다. 그는 사극 대조영과 중세기의 왕 역할부터 기업인 등 어느 배역을 하여도 시청률 제고의 보증수표다. 마약과 문란한 주인공 역할을 거부하는 깨끗한 탤런트트를 좋아하게 된 이유다.

「하나뿐인 내 편」도 시청률 50%를 웃도는 연속극이었다. 줄거리는 28년 만에 나타난 아버지로 인하여 그의 딸 유이는 신혼생활도 중 이혼을 하였다. 그러나 딸과 아버지는 "세상에 단 하나뿐인 내 편"이

되면서 삶의 굴곡을 견디고 희망을 찾게 되는 드라마였다. 아내는 모든 일을 덮어두고 주말 황금 시간대에 연속극으로 빠져들었다. 한두 번 엿보던 연속극에 종영을 얼마 앞두지 않은 시기에 연속극에 나도 빠져 들었다.

연속극은 대부분 권선징악의 뻔한 스토리다. 그래도 주인공이 된 혼자만의 삶을 소망한다. 그 배우의 삶처럼 한 번뿐인 닮고 싶은 삶이다. 내 인생의 종말도 첫사랑 주인공처럼 살았으면 좋겠다.

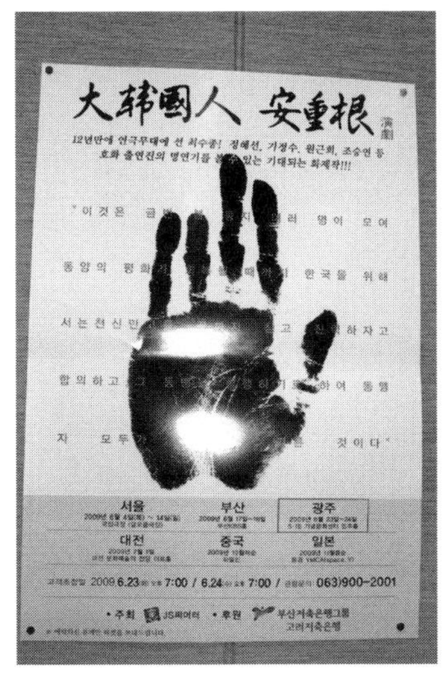

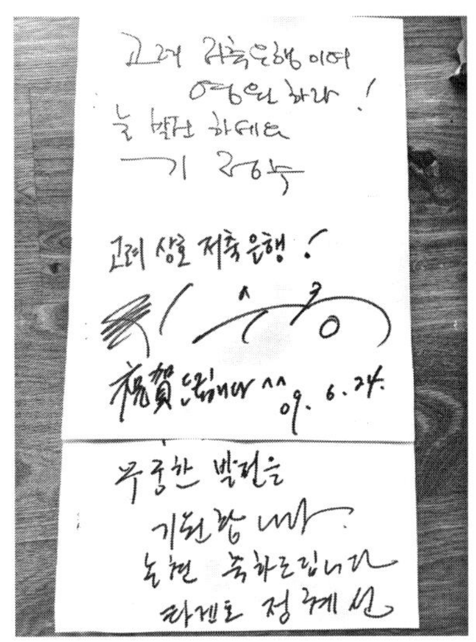

이별 연습

같은 아파트 옆 통로 친구가 이사 가는 날이었다. 꾸르실료*로 합숙 교육 과정에서 동갑내기 친구로 가까워진 사이이다. 출근 시간 전화 통화 중 의식이 몽롱한 친구를 응급구조 조치하여 생명의 은인이라고 말하는 사이이다. 죽음의 문턱에서 살아난 동병상련 이웃의 이삿짐을 내리는 고층 사다리를 멍하니 바라보았다. 까닭 모를 슬픔에 가슴이 저려 완산 칠봉 아랫길을 홀로 걸었다. 코로나19로 이미 몇몇 친구들을 떠나보낸 터라, 문득 이런 생각이 스쳤다.

"이사移事가 곧 이사離死로 이어질 수도 있겠구나."

"사람은 만나면 헤어지고, 헤어지면 결국 죽는다." 생자필멸의 이치를 나는 다섯 해 전 경험 뒤로 실감한다. 이삿짐을 정리하던 친구 부인에게 받아온 옷 보따리가 거실에 펼쳐졌다. 아내는 차곡차곡 갠 옷을 하나하나 입어보며 물었다.

"이 옷, 내게 맞아?"

나는 잠시 침묵했다. "어울린다."고 말하면 지나치게 아끼는 남편

같을까 싶었고, "어울리지 않는다."고 하면 변변한 옷 하나 사주지 못하는 남편임을 스스로 인정하는 꼴이 될까 싶었다. 대답을 망설인 것은 무능함의 표현이었다.

나는 옷이 많다. 두 딸이 결혼할 때 마련한 예단 옷, 사위와 딸들과 아내가 사준 옷들이 옷장 가득하다. 퇴직 후에도 옷 걱정은 없다. 그러나 아내는 다르다. 60대 후반까지 직장 생활을 이어가는 아내는 주변 지인들이 입지 않는다며 내어놓은 옷도 받아 입곤 한다.

아내의 모습은 어머니를 닮았다. 어머니는 살아계실 적에도 옷을 아끼셨다. 누이들이 사드린 옷을 입지 않고 고이 접어두셨고, 환자복을 입고 계시며 아끼던 새 옷도 결국 태워 보내야 했다. 선친께서도, 형님께서도 마찬가지였다. 입지 않고 아끼던 옷들을 마을 어귀에서 태우던 날, 그 연기 속에 사라진 옷들의 사연은 내 눈물을 불렀다.

그런 연유로 나는 아내에게 종종 말한다.

"죽으면 태워버릴 옷을 아끼지 말고, 입어."

아내는 자신이 입지 않는 옷을 대녀에게 건네주기도 한다. 이번에도 남은 옷가지를 챙겨 대녀에게 주었다. 그 습관조차 어머니를 닮았다. 3년 뒤면 우리 집도 이사를 한다. 그때는 많은 옷가지와 세간을 정리해야 할 것이다. 버리고 떠나보내는 연습은 결국 이별의 예행연습이다.

이사 다음 날 아침, 아내가 물려받은 검은 겉옷을 걸치고 내 앞에 섰다.

"어때, 어울려?"

나는 망설이다가 대답했다.

“응, 잘 어울리네.”

장례식장에 가기 위해 마련된 듯한 얇은 검은 겉옷에 대한 내 어설픈 대답이었다.

“검은 머리 파뿌리 되도록 백년해로하라.” 은사님이 주례사에서 남긴 말씀은 아직도 유효하다. 그러나 세월은 빠르게 흘렀다. 찾아뵌 은사님께도 손주 손녀가 너무 보고 싶다 말씀하시던 당시는 이별의 무게를 몰랐다.

이제는 다르다. 요양병원에 계신 백세 노모의 소식을 들을 때마다, 나는 느낀다. 부모와 자식 간의 영원한 이별 연습은 결국 옷을 태우는 일과 닮아 있음을. 태워 보내야 할 옷처럼, 언젠가는 보내야 할 이별이 있다는 것을.

그립다. 생각난다. 마냥 그립다. 멀리 떨어진 혈육에 대한 그리움이 더 깊어지는 것은 나이 탓일까. 그러나 이별의 연습은 오늘도 계속된다. 남겨진 옷과 물건, 기억과 그림자를 하나씩 정리하는 일 속에서, 나는 다가올 영원의 작별을 미리 배운다.

나는 생각한다. 사람은 왜 이렇게 이별을 두려워하면서도, 이별을 통해서만 삶의 의미를 되돌아볼까? 만남과 헤어짐, 소유와 버림, 기억과 망각. 그 모든 것이 우리 삶의 또 다른 이면이다. 어쩌면 인생이란 끝내 완전한 만남을 이루지 못한 채, 다만 끊임없이 ‘이별을 연습하는 과정’인지도 모른다.

* 꾸르실료 : 스페인어(cursillo)로 짧은 시간에 갖는 회심의 여정

덕진 팔각정에서

어버이날, 나는 '삼각관계'를 생각해 냈다. 여느 때와 다름없이 덕진호반을 걷고 있었다. 해가 막 떠오른 아침, 호반은 계절마다 다른 풍경을 보여준다. 눈 내리는 겨울, 새싹 돋는 봄, 녹음이 짙은 여름, 황금빛 가을까지, 사철 다른 멋이 담겨 있다. 연못을 가로지르던 연화교는 삐걱대는 소리마저 정겨웠다. 그러나 37년 만에 안전 문제로 철거되었고, 다리의 흔적만이 머릿속에 남았다.

출렁다리 철거를 위한 흙 제방이 새로 생기면서 연못은 반으로 나뉘고, 팔각정이 있던 섬은 고립되었다. 수위가 낮아지면서 연꽃과 물고기들이 사라졌다. 노를 젓던 오리배는 묶였고, 드러난 수면 위로 잉어와 붕어, 거북이의 등이 보였다. 덕진 호수는 본래부터 호수가 아니었다. 조경단과 화수각 조성을 위한 토목공사로 숲을 파낸 인공 호수였다. 연화교의 철거 또한 또 다른 창조를 위한 파괴의 과정일 것이다.

낡은 다리 대신 흙더미 위로 쓰러진 연 줄기가 드러났다. 삼각형

모양의 연 열매가 오리들의 먹이 사냥에 따라 조아리고 있었다. 그러나 수위가 줄어들수록 그마저도 사라질 것이다. 인간이나 동식물 모두 환경의 영향에서 벗어날 수 없다.

연꽃은 불가의 꽃이다. 지옥, 연옥, 극락 역시 일종의 삼각관계다. 도형의 기본인 삼각형은 피라미드처럼 완전한 구조이지만, 인간관계에서 삼각관계는 가장 불안정하다. 부부와 자식, 고부간의 갈등, 형제의 갈등도 삼각관계라 할 수 있다. 과거와 현재, 그리고 알 수 없는 미래 또한 삼각관계이다. 힘의 균형이 기울면 삶은 흔들린다. 그러나 불행도 행복도 미래를 향한 다른 이름의 희망일 수 있다.

연화교 아래 새로 쌓인 제방 위를 교복 차림의 남학생 셋이 걸어왔다. 가로막힌 3미터 수로를 모르고 건너려던 그들은 되돌아섰다. 인생도 그렇다. 가보지 않은 길은 스스로 결정해야 하고, 때로는 돌아가야 하며, 때로는 우회해야 한다. 실패와 고통, 달성과 환희가 교차하며 그 길은 과거가 되고 현재가 된다. 영원한 것은 없다.

연화정으로 연결된 철교에서 오리 한 마리를 보았다. 머리를 물속에 잠근 채 꼬리를 치켜들고 먹이를 찾고 있었다. 오리의 움직임에 작은 파문이 번졌고, 아기 연잎들이 흔들렸다. 새순이 자라면 연대는 다시 물속으로 잠긴다. 죽은 연밥 껍질과 시든 잎은 미라처럼 움직이지 않았지만, 새순은 피라미드처럼 수면 위로 솟는다. 산 자의 흔들림과 죽은 자의 고요가 수면 위에서 교차한다.

하루하루가 다르게 분해되는 잎과 줄기 속에서도 인연은 이어진다. 사람도 마찬가지다. 삶 또한 윤회다.

연근은 줄기와 꽃을 피우고 결국 연밥으로 결실한다. 꽃이 지면

하루가 다르게 분해되는 잎과 줄기 속에서도 인연은 이어진다. 사람 또한 마찬가지다. 한 생이 끝나더라도 남은 흔적은 또 다른 관계로 이어지고, 그 관계 속에서 새로운 삶이 움튼다.

삼각관계는 불안정한 균형의 상징이지만, 바로 그 불안정 속에서 인간은 성장한다. 부부와 자식, 부모와 형제, 그리고 나와 세계의 관계는 끊임없이 기울고 흔들리며, 때로는 파괴되고 다시 창조된다. 삼각형의 날카로운 각은 우리 삶의 긴장을 드러내지만, 동시에 세 꼭짓점이 모여 하나의 구조를 이루듯, 불완전 속에서 완전의 가능성을 품고 있다.

죽음 또한 파괴의 한 이름이지만, 그 끝은 새로운 창조와 맞닿아 있다. 시든 연잎이 물속으로 가라앉을 때, 그 자리에 새순이 솟아나듯이, 인간의 삶 또한 끝에서 새로운 시작으로 이어진다. 불가에서 연꽃을 윤회의 꽃이라 부르는 까닭도 거기에 있다.

호반 위에서 흔들리던 연잎과 오리의 파문이 교차하던 순간, 나는 깨달았다. 인생은 곧 수많은 삼각관계의 긴장과 해체, 그리고 다시 이어짐의 연속이다. 그 흔들림과 균열 속에서 삶은 사라지지 않고, 또 다른 윤회의 고리로 이어진다. 불완전함이 곧 존재의 조건이며, 윤회는 그 불완전함이 낳은 완전한 순환이다.

(2018)

손녀의 러브레터

“나 너 좋아해.”

사랑하는 유나가, 사랑하는 ○○에게.

손녀는 작은 쪽지를 꾹꾹 눌러쓰더니, 그걸 꼭 쥔 채 피아노 학원에 다시 가자고 졸랐다.

“방금 다녀왔잖아. 왜 또 가려고 해?”

내 물음에 손녀가 수줍게 대답했다.

“피아노 치러 오는 친구가 보고 싶어서 그래.”

들뜬 눈망울 속에 숨겨진 마음을 나는 곧 알 수 있었다. 손녀는 학원 원장님과 함께 갔던 커피숍에서 우연히 들은 말을 기억하고 있었다. 그곳 주인에게서, 아들이 한 말이 전해졌다고 했다.

“이 세상에서 그렇게 예쁜 아이는 처음 봤다.”

그 말을 해 준 소년이 바로 피아노 학원에 나온다는 것이다. 손녀는 그 말을 듣고 작은 쪽지를 썼다.

“나도 너 좋아해.”

내가 천천히 일어서자 손녀는 내 손을 이끌며 "나무늘보 할아버지"라 부르며 싱글벙글했다. 들뜬 아이의 걸음은 새의 날갯짓 같았다. 한 시간 뒤 데리러 갔을 때 손녀는 환한 얼굴로 아이에게 받은 답장을 내민 쪽지에 쓴 한 줄이다.

"나, 너 편지 받고 기분 좋았다."

집에 돌아오자마자 손녀는 다시 쪽지를 썼다.

"나도 너 좋아해."

그 짧고 순수한 교환이 얼마나 값진지, 그 순간 나는 문득 오래된 기억 속으로 빨려 들어갔다.

내가 처음 쪽지를 받은 건 중학생 시절이었다. 설레는 마음으로 주머니 속 쪽지를 만지작거리던 내 모습이 떠오른다. 떨리는 손끝으로 쓴 답장은 서너 줄 남짓, 단숨에 적고도 한참을 다시 읽었다. 이제는 흐릿해져 버린 글귀들이지만, 그때의 두근거림만은 아직도 생생하다.

그 시절엔 쪽지가 곧 마음의 통로였다. 교문 앞에서 쪽지를 건네던 친구도 있었고, "푸른 집에서 만나자"라는 메모를 내밀던 소녀도 있었다. 푸른 집은 빵집이었다. 그러나 수줍었던 나는 끝내 그 약속에 응하지 못했다. 대답 대신 버스에 올라타 버린 것이다. 몇 날 뒤, 소녀는 우리 마을까지 찾아왔다. 나는 까맣게 모르고, 팬티만 입은 채 마당 수돗가에서 씻다가 담장 밖에서 부르는 그녀의 목소리에 혼비백산했다. 부끄러워 방 안으로 도망친 기억이 새삼 떠올랐다.

그 시절과 지금은 참 다르다. 1970년대 농촌 정서 속에서 "남녀칠세부동석"을 강조하던 국어 선생님이 계셨다. 손을 잡는 것조차 금기시되던 시절, 우리는 순신하다 못해 서툴렀다. 그래서 영화 속 하이

턴 주인공들이 팔짱을 끼고 걸어가는 모습은 충격으로 다가왔다. 〈고교 얄개〉와 〈여고 졸업반〉의 자유로움은, 그때 내게는 허구의 세계였다.

이제는 다르다. 손녀의 세상은 훨씬 자유롭고, 감정 표현도 솔직하다. "나 너 좋아해."라는 단도직입의 고백은, 나의 학창 시절에도 감히 입 밖에 내지 못했던 말이다. 아이들의 투명한 고백 앞에서, 내 지난 추억이 마치 빛바랜 슬라이드 필름처럼 한 장 한 장 스쳐 간다.

사랑은 이렇게 세대를 건너 이어졌다. 부끄러움에 잠겨 있던 내 청춘의 사랑은 추억 속에 묻혔지만, 손녀의 사랑은 지금, 이 순간 새롭게 피어난다. 같은 세월 속에서 같은 마음을 품었건만, 표현의 방식과 시대의 풍경만 달라졌을 뿐이다.

사랑은 무엇일까. 그것은 시간 속에 스러지지 않고, 세대를 거쳐 이어지는 가장 인간적인 감정이다. 할아버지의 서툰 침묵과 손녀의 당돌한 고백은, 결국 같은 마음의 다른 언어다. 한 세대의 숨겨진 떨림은 다른 세대의 웃음과 설렘으로 다시 살아난다.

어쩌면 우리는 모두 사랑의 순환 속에 살아가는 존재일지 모른다. 그렇다면 사랑은 단순히 한 사람을 향한 감정이 아니라, 인간이 인간으로 존재하게 하는 근원적 힘이 아닐까. 나는 손녀의 러브레터를 바라보며 묻는다.

"사랑은 어디서 시작되어 어디로 흘러가는가? 그리고 그 흐름 속에서 우리는 어떻게 다음 세대에게 사랑을 전해줄 수 있을까?"

부치지 못한 편지

결혼식을 올린 지도 어느덧 35년이 흘렀습니다. 허망하다던 인생은 이렇게 빠르게 흘러 어느새 회갑을 넘어섰지요. 회갑 여행을 다녀온 지 한 달, 달력에는 마지막 장이 덩그러니 남아 있습니다. 그 남은 시간마저 당신과 함께 떠나는 여행길이라니, 내겐 더없는 축복입니다.

우리가 걸어온 길을 돌아보면 언제나 책이 있었습니다. 학창 시절, 책을 빌려주고 독후감을 나누던 기억에서 시작해, 군복을 입고 다시 만났던 청춘의 어느 날까지. 책이 우리를 묶어주었고, 대책 없던 결혼은 새로운 생명을 향한 책임으로 우리를 성숙시켰습니다.

검은 머리가 파뿌리 되도록 함께하라는 주례의 덕담은 벌써 현실이 되었고, 어느새 거울 앞에서 염색할 날짜를 고민하는 나이가 되었습니다. 자식들 또한 훌쩍 자라 삼십을 넘어섰습니다. 기특하게도 그들의 삶 속에 당신의 기도가 모두 스며 있음을 나는 압니다. 새벽마다 간절히 드린 그 간구가, 자식들의 삶을 단단히 붙들어 주었음을 알고 있습니다.

우리가 시작한 신혼은 단칸 전세방, 6만 원을 손에 쥐고 떠난 무모한 도전이었습니다. 이사만 열 번, 연탄이 무너지고 항아리가 떠내려가던 홍수의 여름, 세 명의 하숙생과 함께한 공무원 임대 아파트 시절…… 지금 떠올리면 고단했지만, 그 속에서 우리는 서로를 더욱 단단히 붙잡았습니다.

나의 삶이 곧 사기의 연속이었다고 고백하고 싶습니다. 적은 봉급을 둘로 쪼개어 절반만 당신께 건네고, 나머지는 술자리에 흥청망청 써버리기도 했습니다. 그럼에도 "오늘 하루 사기를 쳐서라도 가족을 먹여 살려 달라"고 말하던 당신 앞에서, 나는 부끄럽고 또 미안합니다.

여섯 번, 일곱 번 이직을 거듭하던 내 곁을 당신은 묵묵히 지켜주었습니다. 작은 샤프심을 세어 넣던 일, 나무젓가락을 비닐에 담던 일, 심지어 돼지 인형을 만들고 어린아이를 돌보던 당신의 손길이, 오늘의 우리를 일구었습니다. 그 손길이야말로 내 삶의 진짜 연봉이었습니다.

회갑 여행의 추억은 지금도 눈부십니다. 프랑스의 와인, 벨기에 맥주, 나폴리의 값싼 선글라스, 베네치아의 잃어버린 유로화…… 그 모든 사건마저 당신은 유쾌함으로 바꾸었습니다. 당신의 웃음이야말로 긴 여정 속에서 우리를 버티게 한 힘이었습니다.

다만, 쓰러졌던 나를 바라보던 당신의 눈빛이 아직도 내겐 짐처럼 남습니다. 지나친 걱정이 때로는 집착처럼 느껴지기도 하지만, 그 또한 나를 향한 사랑임을 모를 리 없습니다. 그러나 이제 나는 부탁합니다. 하고 싶은 일을 하게 해주시오. 설령 그 길 위에서 쓰러진다 해도, 그것은 나의 선택이자 기쁨일 것입니다.

당신은 늘 내 삶의 '부치지 못한 편지'였습니다. 가슴에 담아두고 말로 다 표현하지 못한 감사와 미안함, 그리고 사랑. 이제라도 그 편지를 내 마음에서 꺼내어 당신 앞에 놓습니다.

삶은 끝없는 이사와도 같습니다. 떠나고 도착하는 순간이 교차하며, 결국 마지막 집에 다다릅니다. 나는 그 마지막 집이 당신과 함께 하는 자리이기를, 그곳에서 편히 눈을 감을 수 있기를 바랍니다.

제2의 고향

나의 본적지는 전주시 교동, 원적은 전북 고창군 해리면 광승리다. 호적법에 따라 둘째부터는 결혼해 분가하면 본적지가 바뀌었다. 내게는 새로운 본적지가 되었고, 자녀들에게는 원적이 되었다. 자녀들의 본적과 원적이 일치하는 고장 전주는 전주이씨 본향이다.

1984년 결혼 이후 전주에서 신혼살림을 시작하였다. 살림살이라야 흑백 TV와 냉장고, 연탄과 석유풍로가 전부였다. 무더운 여름이면 전주천 상류 한벽당 아래서 고덕산과 승암산 계곡의 강바람에 더위를 식혔고, 둘째가 태어나면서부터 아이들의 놀이터는 향교와 경기전, 전동 성당과 성심학교 교정으로 확대되었다.

이후 호성동 임대아파트로 이사해 자전거로 출퇴근했다. 지금은 아파트촌으로 변했지만 당시 건지산 인근은 배 밭과 복숭아밭이 펼쳐진 외곽이었다. 너무 먼 거리를 감당하지 못해 다시 교동으로 돌아왔고, 아이들의 놀이터는 오목대와 구 전주대학교 교정(현재 천주교 전주교구청 자리)과 치명자산을 오르기 시작했다.

1990년 막내아들이 태어나면서 효자동 공무원 아파트에 정착했고, 안행지구에서만 35년을 살아왔다. 아내와 함께 완산칠봉을 걸었던 세월이 어느덧 40년. 세 자녀 모두 같은 초등학교와 중학교를 졸업했다. 자매는 같은 여고의 선후배로 졸업했다. 자녀들에게 고향을 지켜준 선택을 고집한 것은 직업군인 친구의 잦은 이사가 반면교사였다.

완산칠봉과 모악산, 학산을 조망하는 집터는 풍수가들이 말하는 명당으로 암반 위에 지은 아파트는 지진에 안전하다. 사계절 다른 모습으로 다가오는 도화봉, 매화봉, 선인봉, 옥녀봉, 검무봉, 장군봉, 용두봉을 잇는 등산로는 부부의 산책길이다. 약수터, 전망대, 정혜사와 칠성사, 그리고 보름달이 떠오르는 장군봉의 고요한 풍경은 세속의 시름을 잊도록 한다.

어떤 지인은 퇴직 후 자녀 따라 이사했다가 향수병으로, 전주로 되돌아왔다. 삶의 추억이 깃든 곳, 그곳이 바로 제2의 고향이다.

완산칠봉 위로 여명이 밝아올 때 울려 퍼지는 정혜사 동종 소리, 아침 햇살에 안개로 가려졌다가 젖가슴 드러낸 모악산 풍경은 내 삶의 배경이자 위안이었다. 선친은 둘째 아들의 손자를 기다리다 세상을 떠나셨다. 나 역시 어느새 손자를 기다리는 나이가 되었다. 부모 마음은 다 똑같은 것임을 새삼 깨닫는다.

과수원과 논밭, 늪지가 있던 구릉지의 암갈색 암반은 다이너마이트로 파괴된 자리가 보금자리의 터전이다. 용머리라 불리던 안행지구는 이제 수십 동의 아파트촌이 들어선 주택가로 자리 잡았다. 동학농민혁명의 승전보를 외친 완산칠봉이 전주 팔경의 으뜸으로 꼽히는 것도 이런 역사와 풍경이 함께하기 때문일 것이다.

코로나와 전쟁으로 수많은 이들이 고통 속에 생을 마감하는 시대다. 그런 현실 속에서 평생 편안히 한 자리를 지켜 살 수 있다는 것은 큰 축복이다. 복숭아꽃 피던 안행 고을에서 자전거와 오토바이, 자동차로 이어진 세월 속에 자녀들도 성장하여 떠나갔다. 베란다에서 헬리콥터를 향해 고사리 손을 흔들던 어린 손길은 이제 각자 제2의 고향을 찾아 떠나갔다. 그러나 그들에게도 안행 고을은 언제나 돌아올 수 있는 마음의 고향일 것이다.

타향이라 불렀던 이곳도 결국, 세월과 추억이 쌓이면 정든 고향이 된다. 우리 부부의 제 2의 고향이자 자녀들의 본향은 완산칠봉을 굽어보는 안행고을이다.

빈자리와 옆지기

"여보, 여보, 여보."

쪽잠을 자던 아내는 가끔 몽유병 환자처럼 불안한 듯 나를 부른다.

"응, 왜 그래."

하고 대답하면, 아내는 눈길로 나를 확인한 다음 다시 고운 숨결을 이어간다. 아내의 이 습관은 내가 급성 심근경색으로 쓰러졌던 ㄹ후로 나타난 현상이다. 119에 신고하고, 수술실 앞에서 발을 동동 구르던 그 순간의 충격이 아직도 아내의 무의식에 그림자로 남아 있는 것이다. 아내의 잠꼬대를 들을 때마다, 내 탓 같아 미안하다.

산책길이나 공원에서 마주치는 빈 의자는 언제나 쓸쓸하다. 동행한 아내와 맨발 걷기를 하다가 빈 의자를 발견하면 우리는 그곳에 앉아 숨을 고른다. 지친 다리를 쉬게 하고, 묵묵히 서로의 체온을 확인하는 시간이다. 구이, 금천과기지재 저수지, 건지산과 모악산, 완산칠봉 산책길마다 의자들이 놓여 있다. 사람의 체온이 묻어 있는 의자보다, 낙엽이 쌓인 빈 의자를 볼 때 더 가슴이 저릿하다. 비워졌다가 채워지고, 채워졌다가 다시 비워지는 그 자리는, 마치 호수의 물결처럼 흘러 삶의 덧없음을 일깨운다.

세월은 동행을 하나둘 데려간다. 오래 함께해 온 지인들이, 선친과 누님, 형님이 그랬듯, 바람에 흩날리는 낙엽처럼 사라져갔다. 어머니 또한 긴 세월을 버텨내고도 결국 요양병원에서 홀로 밤을 맞으신다. 한 세기를 살아온 존재마저 떠나가는 모습을 바라보며, 나는 빈자리의 무게를 곱씹는다. 아내가 남긴 자리, 그리고 언젠가 내가 남길 자리. 빈 의자는 그 두려움의 상징이다.

아내와 함께하는 만 보 걷기는, 사실 내 빈자리를 두려워한 아내의 권고로 시작되었다. 코로나19로 많은 이들이 갑작스레 떠나던 시절, 삶과 죽음의 문턱은 언제든 닫히거나 열릴 수 있다는 사실을 알게 했다. 소박한 아내가 한 번쯤 해보고 싶다고 말한 서울 시티투어는 그래서 더 특별했다. 사위가 표를 샀고, 아들이 호텔을 예약해 주었다. 광화문과 덕수궁, 창경궁과 남산까지 2층 버스를 타고 오르내리며, 젊은 날의 데이트 하던 추억을 되살렸다. 죽마지우들과 함께 나눈 술잔 속에는 반세기를 건너온 우정과, 그러나 끝내 부정할 수 없는 이별의 그림자가 어른거렸다.

귀향길 KTX는 상경할 때와 달리 빈자리가 많았다. 아내와 나란히 앉아, 몸을 기대 잠드는 모습을 지켜보았다. 고개가 꺾일 때마다 바로잡아 주었지만, 이내 다시 어깨에 기대곤 했다. 잠든 모습이 죽음의 연습 같다는 느낌이었다. 죽음은 늘 산 자 곁에서 춤을 추듯 유혹한다지만, 그럼에도 아내와 함께한 순간이 삶을 지탱한다.

어떤 철학자는 "철학은 죽음을 연습하는 것"이라 했지만, 나는 생각한다. 사랑하는 이를 지켜보는 그 시간이야말로 삶을 연습하는 일이다. 내가 비워낼 빈자리와 아내의 빈자리가 결국 우리를 기다리겠지만, 서로의 어깨에 기대어 숨 쉬는 것이 곧 살아 있음의 증거이다.

옆자리에 앉아 곤히 잠든 이를 바라보는 사람, 그가 바로 옆지기다.

제4부

두 번째 10 · 26

백두에서 한라까지

두 정상이 백두산을 향한다는 아침, 부슬부슬 내리는 가을비가 괜스레 걱정스러웠다. 비 내리는 하늘과 구불구불한 산길, 그 길 위의 걸음이 혹여 무위로 돌아가지는 않을까, 나는 인터넷 뉴스를 기웃거리며 조바심을 냈다. 비슷한 마음이었을까. 아내도 그 소식을 듣자 "우리도 언젠가 백두산에 가보자."라고 말했다. 생각해 보니 두세 시간이면 닿을 수 있는 곳임에도 정작 발길 한 번 못 해 본 곳이 백두산이었다.

등산을 좋아했던 문재인 대통령은 중국을 통해 오르지 않겠다고 했던 약속을 지켰다. "우리 땅을 통해서 오르겠다."라던 소망이 이루어진 순간, 백두산 천지에서 나눈 두 정상의 악수는 그 자체로 한 폭의 역사였다. 한라산 물병을 천지의 물을 섞는 장면은 새로운 희망을 기대했다.

나는 그 순간, 학창 시절 외웠던 남이 장군의 한시를 떠올렸다.

백두산 돌은 말굽을 진이요
두만강 물결은 말 먹이로다
사내가 스무 살에 나라 평정 못 하면
후세에 대장부라 이를 수 있으랴

남이 장군의 기개는 21세기에 와서야 정치 지도자의 결단으로 빛을 보았다. 한 민족의 오랜 염원이 백두의 하늘 아래에서 만남은 약속이다. 그것은 단순한 정치 이벤트가 아니라, 전 세계를 향해 뿜어낸 인식의 전환이자, 평화를 향한 거대한 걸음이었다.

그 길은 전혀 순탄치 않았다. 제1연평해전과 천안함 사건, 백령도 포격, 핵실험의 위협까지 살얼음판 같은 지난 세월이다. 그러나 5천 년 동안 끈질기게 이어온 생존의 지혜가 다시 한 번 발휘되었다. 강대국의 이해관계 속에서도 우리 민족은 생존과 평화를 선택할 수밖에 없는 운명의 공동체다.

나는 가끔 이산가족을 생각한다. 늙어버린 부모와 자식이 몇 십 년 만에 상봉하고, 기약 없는 이별을 다시 맞는 장면은 그야말로 단장의 아픔이다. 북녘에서 보내온 송이버섯 한 상자가 단절된 마음을 잇는 마중물이 될 수 있다면, 그것만으로도 값지다. 어린 시절 연평도 옆 볼음도로 시집간 누님을 떠올리면, 서해에서의 충돌 소식은 늘 가슴을 철렁이게 한다. 죽기 전에 그 섬에라도 한번 가보고 싶다. 북한 땅이 눈앞에 보이는 곳에서, 나는 분단의 실체와 평화의 의미를 더 선명히 느낄 수 있으리라.

백두산 정상에서 두 정상이 보여준 악수는 단순히 남북의 화해가 아니라, 인류를 향한 메시지였다. 핵무기 대신 평화를, 전쟁 대신 생존을 선택해야 한다는 선언이었다. 인류의 생존을 위협하는 것은 언제나 인간 자신의 욕망이었다. 그러나 동시에 그 욕망을 넘어설 지혜 또한 인간에게 있다.

이제 백두에서 흘러내린 물결이 한라까지 닿아야 한다. 백두산 천지와 한라산 백록담의 물이 하나 되어 흐를 때, 우리는 비로소 하나의 강이 되고, 하나의 민족이 될 것이다. 그것은 단지 남북의 통일을 넘어, 평등과 공존을 향한 인류의 보편적 과제다. 같은 핏줄의 동족은 같이 살아갈 운명의 공동체이기 때문이다.

나는 믿는다. 땅 끝 한라에서, 하늘 끝 백두까지 이어지는 길이 언젠가는 하나의 길이 될 것임을. 그 길 위에서 우리는 다시 외칠 것이다.

“우리나라 만세.”

광화문 연가

12월 12일, 광화문에서 벌어졌던 역사적 상황이 떠오른다. "이제 모두 세월 따라 흔적도 없이 변하였지만, 덕수궁 돌담길에 아직 남아 있어요."라는 노랫말처럼, 세월은 흘러도 돌과 나무로 지어진 광화문은 그 자리에 서 있다. 상상의 동물 해태 한 쌍이 두 눈을 부릅뜨고, 권력과 세월의 부침을 묵묵히 지켜보고 있다.

나는 초병 시절 광화문 누각에 올라 세종로 네거리를 바라보곤 했다. 대통령, 국무총리, 장 · 차관, 치안본부장, 서울시경국장까지 출입하는 이들의 차량 백여 대의 번호를 모조리 외워야 했던 긴장된 근무였다. 주간에는 마네킹처럼 서 있어야 했고, 야간에는 유동 근무가 허용된 그곳은 늘 긴장의 현장이었다.

특히 1979년 12월 12일, 눈이 내리던 영하의 추운 밤은 잊히지 않는다. 치안본부 삼거리, 광화문 앞으로 탱크가 다가왔다. 포신이 나를 겨누었고, 지휘관은 총을 들이대며 문을 열라고 윽박질렀다. 치안본부의 지시는 문을 열지 말라는 것이었으나, 결국 탱크는 무력으로 중앙청을 밀고 들어왔다. 전쟁 때 쓰던 낡은 탱크 안에서 쏟아진 물이 바닥에서 순식간에 얼어붙는 추운 날이었다. 다음 날 신문은 전두환 보안사령관이 정승화 육군 참모총장을 연행했다는 속보를 전했다. 그날의 광화문은 권력의 폭력 앞에서 신음하는 돌문이었다.

광화문은 오래전에도, 지금도 권력의 출입문이었다. 중국의 천안문처럼 왕과 대통령이 드나들던 문, 고관과 외국 사절이 오가던 문, 그리고 오늘날 만백성이 오가는 문. 그러나 세월은 광화문을 단순한 건축물이 아니라, 역사를 품은 증언자로 만들었다.

옛 동아일보에 실린 글귀가 떠오른다. "광화문은 돌과 나무로 만들어진 건물일 뿐, 울 줄도 웃을 줄도 모르나, 그 자리에 서 있음으로써 충신도 역적도, 평화도 전쟁도 맞이하였다. 광화문은 의식 없는 건축물이지만, 동시에 수백 년 세월을 건너온 살아 있는 상징이었다.

해태상은 여전히 그 자리를 지키며 역사의 증언자가 되어 있다. 문제는 우리 자신이다. 또다시 광화문을 헐어내고, 역사를 지우고, 진실을 가리는 잘못을 되풀이하지는 않을 것인가. 언론은 이 땅의 평화를 방해하는 외세를 꾸짖을 줄 알아야 하고, 과거 독재 권력의 나팔수가 되었던 잘못을 반성할 용기를 가져야 한다.

광화문은 단지 한 나라의 문이 아니라, 이 땅을 살아가는 우리 모두의 마음을 드나드는 문이다. 돌로 지어진 건물은 무너져도 다시 세울 수 있다. 그러나 진실을 외면한 기억과 왜곡된 역사는 복원할 수 없다."

나는 광화문 앞을 지날 때마다 묻는다. "우리는 지금 어떤 시대를 지나고 있는가?" 광화문은 대답하지 않는다. 다만 묵묵히 서서, 우리로 하여금 스스로 답하게 만든다.

그 대답은 결국 우리 몫이다. 광화문이 지켜온 자리는 권력의 통로가 아니라, 백성의 발걸음과 희망이 오가는 길이어야 한다. 광화문 앞마당이 7천만 겨레의 광장이 되고, 통일된 한반도의 문이 되는 날, 비로소 광화문은 그 천명을 다했다고 말할 수 있을 것이다.

두 번째 10 · 26

10월이 다가오면 늘 마음이 술렁인다. 달력의 숫자 '26'이 다가올 때마다, 나는 두 개의 총성을 떠올린다. 1909년 하얼빈의 총성과 1979년 청와대 궁정동 안가의 총성. 시간은 70년을 사이에 두었지만, 두번 울림은 내 가슴 속에서 겹친다.

몇 해 전 대한국인 안중근 연극과 최근 오페라 영화를 관람했다. 연극배우 최수종이 무대 위에서 단지동맹을 맺고 거사를 준비하는 장면은 숨이 막힐 만큼 뜨거웠다. 안중근은 죽었지만, 여전히 살아 있는 인물이었다. 그의 이름은 동아시아 현대사에서 불멸의 상징으로 남아 있다. 옥중에서 집필한 『동양평화론』은 단순한 독립의 꿈을 넘어 한 · 중 · 일이 힘을 모아 서세동점의 식민주의를 막아내려는 원대한 구상이었다. 그의 총성은 한 사람을 향했지만, 그 의미는 동양 전체를 향해 있었다.

그러나 내가 경험한 10월 26일은 또 다른 기억으로 다가온다. 1979년 유신의 심장을 멎게 한 그날 이후 12 · 12 군사계엄령 선포되던 날, 나는 광화문 초소에서 근무하던 경비병이었다. 통행금지 시간대에 무겁게 포복하듯 이동하던 탱크가 내 앞에 나타났다. 포신이 나를 겨누던 순간, 나는 인터폰을 붙잡고 상황실에 보고했다. 치안본부에서는 문을 열지 말라고 했지만, 탱크의 해치가 열리더니 지휘관이 권총을 겨누며 소리쳤다. 결국, 탱크는 힘으로 문을 밀고 들어왔다. 얼어붙은 겨울밤, 건빵과 수통을 기울이던 군인들의 그림자가 지금도 눈앞에 아른거린다.

그날 이후 신문은 '중앙정보부장 김재규가 대통령을 시해했다'라는 호외가 뿌려졌다. 그는 군사재판에서 "민주주의를 회복하기 위해 야수의 심장을 쏘았다"고 진술했다. 변호사들의 기록을 보면, 그는 다섯 가지 이유를 들었다. 자유민주주의 회복, 국민의 희생 방지, 적화 방지, 한미관계 정상화, 국제적 명예 회복. 그 말이 모두 정당화될 수는 없지만, 그의 총성 또한 개인의 영달을 위한 것이 아니었음을 부정할 수 없다.

나는 뤼순 감옥을 찾아가 안중근 기념관 유품을 바라보며 비교해 보았다. 안중근의 총성과 김재규의 총성은 닮았는가, 아니면 전혀 다른 결론은 "한 사람은 제국주의를 향했고, 또 한 사람은 독재 권력을 향했다." 두 건 당사자 유해는 버림받았으나 역사는 두 사건을 다른 이름으로 기록한다. 시신도 못 찾게 처리한 일본에 저항한 한쪽은 '의거', 다른 한쪽은 '시해'라 불린다. 그러나 두 사람 모두 더 큰 가치를 위해 자신을 내던졌다. 역사가 그들을 어떻게 평가하든, 그 순간의 결단에는 치열한 시대의 고민이 담겨 있었다.

세월이 흐른 지금, 나는 두 개의 총성을 한 사람의 인생처럼 곱씹는다. 역사는 언제나 개인의 결단과 시대의 요구가 맞물릴 때 움직인다. 그러나 결단의 순간마다 피와 눈물이 뒤따른다. 안중근의 하얼빈역은 동양 평화를 위한 희생의 현장이었고, 김재규의 궁정동은 민주주의 회복을 위한 절규의 무대였다.

나는 이제 바란다. 또 다른 10.26은 다시는 오지 않기를. 정의와 평화를 지키는 길이 더 이상 피의 대가를 요구하지 않기를. 역사는 되풀이되지만, 같은 실수를 반복하지 않을 때만 진보라 할 수 있다. 안중근의 평화론이든, 김재규의 민주주의를 열망한 진술이든, 그 정신은 우리에게 질문을 남긴다. "오늘 우리는 정의와 민주주의, 그리고 평화를 어떻게 지켜낼 것인가."

역사의 총성은 멎었으나, 그 메아리는 지금도 이어지고 있다. 그것은 과거가 아니라, 여전히 현재를 살아가는 우리가 해결할 숙제다.

버마재비와 미국 선거

한여름 시골 마당에서 흔히 볼 수 있는 버마재비(사마귀)는 늘 기이한 형상으로 다가온다. 역삼각형의 머리와 불룩한 배, 길쭉한 목과 도끼 같은 앞발. 풀숲의 제왕처럼 보이지만, 목덜미가 잡히는 순간 허공에서 허둥지둥 네 발을 허우적댄다. 풀려나 마당에 떨어진 사마귀를 향해 닭이 달려오면, 사마귀는 네 날개를 펴고 발을 치켜들어 임전무퇴의 기세를 보인다. 그러나 닭의 단 한 번의 쪼아댐에 무너지는 그 허세는 가여웠다.

트럼프 전 미국 대통령을 바라볼 때마다 나는 그 버마재비가 떠오른다. 골프장에 선 그의 체형은 마치 불룩한 배와 가느다란 다리로 버티는 사마귀를 닮았다. 임기 내내 한반도를 흔들며, 세계를 향해 으박지르던 그의 모습은 도끼 발을 높이 치켜든 버마재비 같았다. 일본의 아베, 북한의 지도자, 멕시코 대통령과 가까이하며 허세와 협박을 일삼았지만, 결국 코로나19라는 보이지 않는 적 앞에서 목덜미를 잡히듯 무력해졌다. 선거 패배는 닭의 부리에 물린 사마귀의 최후와도 같았다.

중국의 장자가 전한 고사 "당랑박선"은 오늘날에도 교훈을 준다. 매미를 노리던 사마귀, 그 사마귀를 노리던 까치, 그리고 까치를 겨누던 장자. 그러나 장자 또한 밤나무 지기에게 붙잡혔다. 눈앞의 이익에 몰두하다 더 큰 위험을 보지 못하는 어리석음을 가리켜 사람들은 "당랑거철"이라 부른다. 트럼프가 보여준 정치적 행보도 이와 다르지 않았다. 국제 협약에서 이탈하며 단기적 성과를 자랑했지만, 결국 민주주의라는 더 큰 질서 앞에 패배할 수밖에 없었다.

사마귀의 생태 또한 우리에게 사색을 남긴다. 짝짓기를 마친 수컷은 암컷에게 잡아먹히고, 암컷 또한 알을 낳은 뒤 힘을 다해 죽음을 맞는다. 죽음 위에서 새로운 생명이 태어나듯, 자연은 끊임없이 순환한다. 인간 사회도 다르지 않다. 권력자의 몰락 위에서 새로운 질서가 태어나고, 패배자의 흔적은 교훈으로 남는다.

트럼프의 퇴장은 단순한 개인의 몰락이 아니다. 민주주의라는 제도적 힘이 깡패 같은 허세를 몰아낸 사건이었다. 총성도, 피의 대가도 필요 없었다. 선거라는 제도적 장치가 강자의 목덜미를 잡았다. 이는 자연의 먹이사슬에도, 인류의 정치사에도 일관되게 흐르는 질서다.

버마재비를 닮은 한 지도자의 퇴출은 우리에게 질문을 남긴다. 우리는 지금 어떤 사마귀를 쫓고 있는가. 혹시 눈앞의 이익에만 매달려 더 큰 위협을 보지 못하는 것은 아닌가. 민주주의의 힘은 바로 여기에서 시작된다. 총알 없는 선택, 투표라는 행위가 곧 세상을 바꾸는 힘이라는 사실.

버마재비가 풀밭에서 닭의 부리에 쓰러지듯, 허세와 독선은 결국 민주주의의 선택 앞에 무력해진다. 그 단순한 진리를, 미국의 대통령 선거가 다시 한 번 증명해 주었다.

추신 : 다시 당선된 트럼프가 세계를 위협한다. 누구도 대놓고 말을 못하는 위험한 인물이다. 지금 지구촌은 어디로 향하는 걸까?

에파타 크레바스(Ephphatha crevasse)*

히말라야 깊은 크레바스 속으로 사라진 산악인 김홍빈을 떠올린다. 패럴림픽 중계를 보며, 정상인도 범접하기 어려운 히말라야 14좌를 의수로 완등한 그의 도전이 겹쳐졌다. 그는 “어떤 위험 속을 헤쳐 나갔느냐보다 어떤 조건으로 극복했느냐가 중요하다”라는 말을 남겼다. 그 구절을 곱씹을수록, 끝내 돌아오지 못한 그의 결연한 삶이 더욱 안타깝게 다가온다. 그의 핸드폰 신호는 크레바스 속에서 잠시 잡혔지만, 유해는 끝내 찾지 못했다. 장례식은 등급 없는 무등산에서 2021년 8월 8일, 동경 올림픽의 금메달 소식에 가려 그의 죽음은 크게 조명되지 못했다. 그러나 화려한 메달의 뒷면에서 진짜 영웅의 삶은 조용했다. 둑길을 걸으며 나는 그를 생각했다. 끝없는 눈길을 오르다 하산 도중 눈 속으로 사라졌다. 인생 또한 그러하다. 누구나 자기만의 산을 향해 오르다 흔적 없이 사라진다. 만물도 계절 따라 피고 지듯, 저수지의 물고기와 오리, 길섶의 풀꽃과 나무, 설치류의 삶도 모두 돌고 도는 우주의 일부다. 코로나19로 흔들리던 세상은 우리에게 "제행무상, 색즉시공"의 진리를 다시 일깨웠다. 나는 산책길에서 상처 입은 잣나무를 살펴본다. 누군가 벗겨낸 껍질 자리엔 송진이 흘러내려 의수를 감싼 붕대처럼 굳어 있었다. 앙상한 발목 같은 줄기, 피눈물 같은 송진 방울은 김홍빈의 두 손을 대신한 의수를 떠올리게 했다. 윗부분은 멀쩡히 웃자라고 있었지만, 아랫도리는 부실하여 언제 쓰러질지 모르는 모습이었다. 나무를 볼 때마다 그와 나의 삶이 함께 겹쳐졌다.

겉으로 멀쩡해 보여도 나 또한 여러 차례 옮겨 다닌 직장과 삶의 굴곡 속에 깊은 내상을 입고 살아갔다. 상처 입은 나무가 살고있듯, 인간도 결핍을 안고서 살아간다. 김홍빈이 그러했듯이…….

에파타(열려라) 크레바스! 그 깊은 틈은 죽음의 구덩이가 아니라 인간 의지가 새겨진 영원의 기록이다. 그는 사라졌으나, 그의 삶은 여전히 우리 곁에서 묻는다. 우리는 어떤 조건 속에서, 어떻게 삶을 극복해 나갈 것인가.

나는 한때 장애인의 거세 정책을 옹호한 적도 있었다. 국가의 비용 절감이라는 명분에 갇힌 시선 때문이었다. 그러나 죽을 고비를 지나고 사회복지를 배우면서 깨달았다. 삶은 누구에게나 단 한 번뿐이며, 누구도 대체될 수 없는 존재라는 사실을…….

상처 입은 잣나무와 두 손 잃은 산악인은 서로 다른 방식으로 같은 진실을 전한다. 그것은 인간의 의지, 생의 존엄, 상처를 껴안은 삶의 숭고함이다. 그의 선택과 도전은 전혀 헛되지 않았다.

브로드피크에서 사라진 그의 육신은 지금 빙하 속 타임캡슐이 되어 있을 것이다. 알프스에서 5천 년 전 발견된 미라처럼, 언젠가 후대는 그의 의수를 발견할지 모른다. 그러나 중요한 것은 육체가 아니라, 그가 남긴 정신이다.

* 에파타 크레바스(Ephphatha crevasse) : 열려라 빙하의 계곡

만성동 기지재 상처난 수목

절개와 죽창정신

대원군의 가장 큰 업적 가운데 하나는 서원 철폐였다. 국사 시간에 배웠던 '서원 폐단'의 기억 탓일까? 서원은 늘 부정적인 이미지로만 각인되어 있었다. 그러나 정읍의 무성서원을 보고 생각이 달라졌다. 무성서원은 534년 전, 상춘곡을 지은 불우헌 정극인이 향약을 만든 자리에 세워진 향학당을 강학 공간으로 사용한 유네스코 세계유산이다.

광해군 7년에 목조건물이 다해 사라졌으나, 200여 년 전 정읍 현감 서도순이 다시 중창한 현재의 모습이다. 서원은 단순한 건물이 아니라 선비들의 정신을 담은 터전이었다. 선비의 절개는 대나무처럼 곧고, 강직한 선비의 대명사로 최치원을 꼽는다. 태산사에 신라 시절 태산 군수로 부임한 고운 최치원을 비롯한 8명의 선현을 모셨다. 그러나 논개와 사랑했던 최경희는 왜 빠져 있는가. 후대는 왜군을 끌어안고 절개를 지킨 논개를 배제한 이유는 지금도 알 수가 없다.

서원 한쪽 강수재에는 유생들이 기거하며 학문을 닦았고, 그들의 교재는 홍학재에 보관되었으나 지금은 불타 사라졌다. 비문 속 이름들 가운데는 백성을 어루만진 인물도 있었겠지만, 자기 공적을 과장한 현감도 있었으리라. 그렇게 천년 세월을 견디며 무성서원은 세계문화유산으로 등재되었다. 반질반질 닳은 강당 바닥에는 수많은 후학들 발자취가 겹겹이 쌓여 있었다.

서원을 돌아본 뒤 인근의 김동수 고택을 찾았다. 20여 년 전, 섬진강에서 양식업을 하던 처남의 재판이 열렸을 때 현장 검증을 위해 함께 들렀던 곳이다. 당시 재판장 부장판사와 법복을 벗고 인간적인 눈으로 낡은 기와집을 둘러보았다. 허물어진 담장과 잡초가 무성했던 집은 세월의 무상함을 대변했다. 그러나 10년 뒤 다시 찾은 그곳은 드라마 '녹두꽃'의 촬영지로 새롭게 단장되어 있었다. 사랑채와 행랑채, 본채와 며느리채가 구분된 주택 구조를 보며 백여 년 전의 삶을 엿볼 수 있었다. 인권이라는 말조차 없던 시대, 인간의 삶이 신분에 따라 집의 구조 속에까지 각인되어 있었음을 실감했다.

그러나 문화유산 관리의 불평등은 씁쓸함을 남겼다. 경상도의 예담촌 고택이 화려하게 복원된 데 비해, 백제의 왕궁 터는 예산 지원조차 받지 못한다. 문화재를 대하는 국가의 시선조차 지역 차별이 느껴진다.

남고 서원을 찾은 것은 종강을 앞둔 어느 날이었다. 구불구불한 산길을 오르니, 임진왜란 당시 의병을 양성했던 터가 모습을 드러냈다. 그곳에서 나는 우연히 과거 함께 근무했던 분이 정읍 시장으로 재임할 때 서원을 복원했다는 사실을 알게 되었다. 남고 서원은 단순한 학문 공간이 아니라 불의에 항거한 의병의 요람이다. 이항 선생에게 배운 154명의 제자는 왜군과 최전선에서 죽음을 불사한 결사대가 되었다.

호남의 선비정신은 시대를 넘어 면면히 이어졌다. 정여립 사건으로 유림은 말살되었으나 조병갑과 토호 세력의 횡포에 분연히 일어선 동학농민혁명 또한 선비들이 들고 일어선 것이다. 곡창지대 호남은 나라가 위태로울 때마다 인물과 물자를 내어놓았다. 그러나 역사의 기록 속에서 그들의 희생은 늘 과소평가되었고, 때로는 왜곡되기까지 했다.

1980년 5월 광주에서 피 흘리며 외쳤던 민주화의 함성도 결국은 '죽창 정신'의 현대적 계승이다. 1989년, 민주화의 바람 속에서 농민들이 죽창을 들고 일어섰을 때 언론은 빨갱이라 지칭했다. 그러나 그 죽창은 불의에 항거한 백성들의 절개였고, 정의를 향한 마지막 신호였다. 농민들은 자신을 스스로 지키려 했을 뿐이었다.

지금은 "기레기"라는 말로 불리는 왜곡된 언론 종사자 중에는 남고서원에서 이어진 호남의 정신은 남아 있다. 죽창은 단순한 무기가 아니다. 그것은 불의에 맞서려는 양심의 비유요, 절개의 상징이다.

역사의 흐름 속에서 절개란, 권력 앞에 꺾이지 않는 기개를 뜻한다. 죽창 정신은 피와 땀으로 지켜온 이 땅의 양심이다. 오늘날 칼과 총 대신 죽창은 펜과 SNS로 변했지만, 그 뿌리는 같다. 불의에 침묵하지 않고, 약자를 외면하지 않으며, 정의를 향해 떨쳐 일어나는 그 마음이 바로 절개의 다른 이름이다.

우리의 삶 속에서도 절개와 죽창정신은 여전히 유효하다. 불의에 눈감지 않고, 정의를 향해 걸어가는 한 걸음 한 걸음이 곧 남고서원 정신의 계승이리라. 생각하는대로 실행하고 실행하며, 생각하는 선비정신은 죽창정신이 아니겠는가?

검정 고무신과 악마의 신발

"악마의 신발."

짧은 광고 카피 한 줄이 세상을 떠들썩하게 했다. 대통령 이름을 팔아 호가호위하던 이의 벗겨진 채 드러낸 고급 구두 한 짝은 국민의 분노를 불러일으켰다. 나는 그 뉴스를 보며, 신발이란 게 대체 무엇이기에 이렇게도 사람을 울리고 웃기는가 하는 의문을 가졌다.

인류의 맨발을 감싸던 최초의 신발은 동물 가죽을 엮은 발싸개였다. 동서양의 문화는 달랐지만, 삶의 조건을 견디기 위해 신발은 늘 존재해 왔다. 한반도에서도 불과 백 년 전까지만 해도 짚신과 나막신이 주류였다. 지푸라기를 엮어 만든 짚신은 물 빠짐이 좋아 질퍽한 흙길에 안성맞춤이었다. 1874년 프랑스 선교사 달레 신부의 「조선 여행기」에도, 20년 뒤 영국인 비숍의 기행문에도 짚신을 신은 조선 사람들의 모습이 기록되어 있다. 짚신은 곧 한민족의 삶 그 자체였다.

그러던 신발 문화에 혁명을 일으킨 것이 검정 고무신이었다. 태평양전쟁 무렵 동남아에서 들여온 원료로 시작된 고무신은 무겁고 쉽게 닳던 비영구적인 짚신과 나막신을 대신해 대중 속으로 파고들었다. 만월표, 타이어표, 말표 등 다양한 상표의 고무신은 군산과 부산 공장에서 쏟아져 나왔고, 산업혁명의 상징처럼 몇 세대를 덮었다.

내가 초등학교에 다니던 1960년대, 대부분의 아이들은 검정 고무신을 신고 학교를 오갔다. 한 켤레 신발을 해질 때까지 신고 다녔고, 옆구리가 터지면 천을 덧대 꿰매 신었다. 겨울, 눈이 펄펄 내리던 등굣길 논두렁은 평균대처럼 좁았다. 고무신 밑창에 눈이 엉겨 붙어 시멘트 복도에 달라붙곤 했다. 발이 시려 견디다 못해 어린 나는 "언 발에 오줌 누기"라는 어른들의 말을 떠올리고, 실제로 고무신 속에 오줌을 누었던 기억도 있다. 김이 모락모락 오르던 그 장면은 지금도 눈앞에 아른거린다.

신학기 어느 날, 새로 산 고무신이 신발장에서 사라진 적도 있었다. 놀란 나는 옆 반 신발을 슬쩍 가져와 집으로 갔고, 모쪼록 자랑이 될 줄 알았다. 그러나 어머니는 단호히 꾸짖으며 신발을 돌려놓고 남은 헌 고무신을 신고 오라 하셨다. 그날 들은 차가운 호통은 지금도 뼛속에 남아 있다.

검정 고무신 한 켤레가 백 원 남짓하던 시절, 그것은 가난했지만, 서로를 보듬던 세대의 상징이었다. 신작로 대신 논두렁을 걷고, 서릿발을 밟으며 학교에 다니던 날들. 새 고무신을 신고 싶어 안달하던 어린 마음과, 허름한 신발에도 자존심을 지켜주던 어머니의 꾸짖음은 이제 모두 그리운 추억이 되었다.

나는 다시 생각한다. '악마의 신발'이라 불린 값비싼 구두 한 켤레 값이면, 수천 켤레의 고무신을 살 수 있다. 검정 고무신은 가난했지만 땀과 눈물이 스민 신발이었다. 반면 악마의 신발은 권력과 탐욕을 은폐하던 껍데기에 불과했다.

신발은 단순히 발을 보호하는 도구가 아니다. 그것은 한 세대의 역사이고, 삶의 궤적이며, 윤리와 도덕을 비추는 거울이다. 검정 고무신의 질긴 밑창에는 민초들의 절제와 인내가 배어 있다. 반면 권력자들의 구두에는 허영과 부정이 스며 있다.

결국 신발은 그 사람의 길을 증언한다. 나는 검정 고무신이 남긴 발자국 속에서 삶의 진실을 배운다. 그리고 화려한 구두가 남긴 흔적 속에서 세속의 허망함을 본다. 인생은 무엇을 신느냐보다 어떤 신을 신더라도 바른길을 걷는 게 중요하다.

(2016)

평생직장

"평생직장"이라는 말이 무색해진 시대다. 한 회사에서 정년을 맞는 경우는 이제 드물다. 직업은 삶의 한 국면에 불과하다. 그러나 내 아버지 세대는 달랐다. 아버지는 평생 농부였다. 땅과 벼, 곡식과 함께 살았고, 그 자체가 삶의 전부였다.

나는 달랐다. 평생을 관통할 직업이라 말할 만한 것이 없다. 공무원, 금융업, 법률 관련 업무, 대학 행정과 강의에서 퇴직 뒤에 컨설팅까지, 10년마다 옮겨 다닌 직업이 나의 이력이다. 평생직장을 떠올리게 된 건, 서른이 훌쩍 넘도록 대학 졸업을 미룬 채 수험생으로 남아 있던 아들을 바라보면서였다.

스무 살 무렵, 나의 첫 직장은 '대한교육연합회'라는 곳이었다. 이름은 거창했지만 실제로는 상표 스티커와 생활용품을 판매하는 회사였다. "감사합니다"라는 글씨가 새겨진 라벨은 약국에, 비누와 샴푸를 주택가로 팔러 다녔다. 집집마다 들려오는 개 짖는 소리에 놀라 달아나던 기억도 선명하다. 결국 선금으로 떠안은 물품은 친지들에게 나눠주고 말았다.

그 무렵 나는 남산도서관에서 공무원 시험에 도전했다. 4급 공무원 시험, 준교사 자격시험에 연거푸 낙방했다. 아버지가 조선대 병원에 입원하시던 시기였다. 좋아하시던 봉초를 끊으신 것을 보고 나는 입대를 자원했다. 그렇게 들어간 군 생활 34개월 동안, 소위 명문대 출신 전우들을 보며 대학 진학을 결심했다. 틈틈이 책을 붙잡아 예비고사에 합격했고, 학비 부담이 덜한 국립대학에 입학했다

학비는 아르바이트와 장학금으로 충당했다. 다행히 졸업 무렵 여러 직장에 합격하면서 2금융권을 선택했다. 이후 나의 직업은 공무원에서 금융, 법률 사무원, 보험업, 대학 행정까지 이어졌다. 어떤 직업을 맡아도 "현장 확인"이 습관으로 체화되었다.

개발 경제 시대 가치관은 빚마저 자산으로 여겼다. 나 또한 학자금 대출로 대학에 다녔고, 빠듯한 신혼살림까지 빚을 떠안았다. IMF의 소용돌이 속에서는 학자금 대출과 생활자금을 얹어 버티기도 했다. 돌아보면 공직 10년은 사회생활의 뼈대를 만들었고, 그 위에 금융과 법률, 행정과 교육의 경험이 덧살처럼 붙었다. 직함은 달라도 본질은 같았다. 어떤 일이든 현장을 확인하고, 몸으로 부딪쳐야 의사결정이 가능했다.

기업 총수가 "세상은 넓고 할 일은 많다. 마누라와 자식 빼고는 다 바꾸라"고 말하던 시대였다. 그 말은 내게 변명 같기도 했지만, 결국 나의 직업 이력은 그 격언을 충실히 따른 셈이었다.

그러나 청춘은 영원하지 않았다. 환갑을 넘기자, 몸도, 아내의 건강도 예전 같지 않았다. 평생 함께할 줄 알았던 동반자의 건강이 흔

들리자, 나 또한 지난날을 되돌아보게 되었다. 그러나 후회하지 않기로 했다. 나는 늘 도전했고, 변화를 즐겼다. 학창 시절 교지를 만들기 위해 발품을 팔았던 기억, 군 생활에서도 전출을 자원하며 낯선 곳으로 전전하며 수차례 전출 등, 직장 이력 또한 같은 맥락이다. 정착보다는 이동, 안정보다는 도전이 나의 방식이었다.

이제는 정착할 때가 된 듯하다. 그러나 여전히 인생은 "돌고 도는 길"임을 실감한다. 어느 가수가 노래하던 대로, 인생은 한 번에 곧게 [illegible]다.

요즘은 아들이 도전한다. 4절 5기의 신화에 다시 도전하여, 또 한 번 1차 시험에 합격했다는 소식을 전해왔다. 도전하는 인생은 아름답다. 결국 인생은 개척과 선택, 의사결정의 연속이다.

나라 잃은 설움을 온몸으로 겪은 선대와 달리, 나는 피지배의 서러움조차 모른 채 살아왔다. 그것만으로도 가장 행복한 세대에 속한다고 믿는다. 그리고 지금 젊은 세대는 또 다른 도전을 앞두고 있다. '평생직장'이 사라진 시대라 해도, 평생을 관통하는 가치는 남는다. 그것은 직업이 아니라 태도다. 도전하는 자세, 변화에 맞서는 용기, 그리고 삶을 개척해 나가겠다는 결심 말이다.

아들이 아직 졸업을 미루고 새로운 길을 준비하는 지금, 나는 그의 앞날이 궁금하다. 그러나 분명한 것은, 그 길 또한 도전으로 채워질 것이고, 그 도전 속에서 자기만의 "평생직업"이 아닌 "평생 삶의 방식"을 발견하게 되리라는 점이다.

비바 파파, 프란치스코

요한 바오로 2세가 방한했던 1989년 가을, 여의도 광장에서 열린 제44차 세계 성체대회. 그날 나는 경호 경비 요원으로 자리를 지켰다. 신앙과 임무가 겹쳐진 순간이었다. 사실 성체대회의 깊은 의미도 잘 알지 못했지만, 가톨릭 신자로 세례를 받은 지 5년째 되던 해였으니 나에게는 특별한 경험이었다. 군중 속에서 흘러나오는 성가와 미사 행렬의 장엄함은, 지금도 기억 속에 맑게 남아 있다.

세월은 흘러, 2014년 여름. 이번에는 프란치스코 교황이 한국을 찾았다. 광화문 광장에서 거행된 124위 한국 순교자 시복식은, 무려 백만 명의 신자가 모인 장엄한 축제였다. 세종로 거리에서 군복무 시절 구보하던 기억이 스쳐 지나갔고, 뜻밖에 만난 성당 교우와 웃음을 나누기도 했다. 물결처럼 밀려드는 인파 속에서, 그러나 모두가 질서정연했다. 햇볕은 이글거렸으나, 광화문 광장을 덮은 공기는 차분하고 성스러웠다.

무엇보다도 깊은 인상을 남긴 것은 교황의 행차였다. 세계의 영적 지도자이자 백만 군중이 바라보는 자리였지만, 그가 탄 차는 번쩍이는 고급세단 아닌, 평범한 경차 기아의 쏘울(soul)이었다. 영혼을 달래는 목자의 겸허한 선택에 가슴이 뭉클했다. 아이를 축복하기 위해 차를 멈추고, 세월호 유가족의 손을 잡고 눈을 맞추던 그의 모습은 단순한 의전이 아니었다. 그것은 한 인간이 다른 인간에게 내미는 가장 깊고 따뜻한 위로였다.

행사가 끝난 뒤, 광장을 가득 메웠던 백만 명의 인파가 썰물처럼 흩어졌다. 쓰레기조차 남지 않은 거리, 그 청결한 퇴장은 또 다른 '기적'으로 외신에 보도되었다. 나는 그 현장을 직접 보며, 공동체가 보여줄 수 있는 성숙함과 신앙의 힘을 목격한 것이다.

프란치스코 교황은 남미 출신 최초의 교황이다. 가난과 약자의 편에 선 성 프란치스코의 이름을 세례명으로 삼은 그는, 물질보다 인간의 존엄을 우선시하는 삶을 몸소 실천했다. 그가 방한 기간 내내 보여준 것은 화려한 권위가 아니라, 낮은 곳에서 고개 숙이는 진정한 사랑이었다.

세월호의 아픔을 껴안고, 평화를 염원하며, 소외된 이웃 곁에 머무는 지도자. 그 모습에서 나는 "참된 지도자란 어떤 존재인가"를 새삼 깨달았다. 당리당략에 갇힌 이 땅의 정치 지도자들이 잊어버린 덕목을, 프란치스코 교황은 묵묵히 보여주었다.

비바 파파, 프란치스코!

그의 따뜻한 미소와 기도는 내 마음에도 여전히 살아 있다.

유럽이 아닌 남미 출신으로 물질만능의 시대에 인간의 존엄성을 우선했던 교황의 삶을 통해 우리는 자신에게 묵직한 질문에 답해야 한다.

"우리는 누구를 위해, 어떤 사랑을 실천하며 살아가고 있는가?"

장관의 인사

사람이 개를 물었다는 소식만큼이나 희귀한 일이 있다. 바로 높은 자리에 있는 사람이 먼저 절을 하는 장면이다. 절이란 신체를 굽히는 행위이며, 그 안에는 존경과 겸양이 함께 담겨 있다. 동방예의지국이라 불리던 이 땅에서 절은 단순한 인사가 아니라, 상대 앞에 자신을 낮추는 고백이자 화해의 손짓이었다.

2017년 새해 시무식, 우윤근 국회 사무처장이 청소원들에게 큰절을 한 장면은 그래서 더욱 눈길을 끌었다. 투명 인간처럼 취급하던 청소 노동자들에게 세배한 것이다. 용역회사의 비정규직에서 정규직으로 채용한 그들의 얼굴에는 놀라움과 기쁨의 표정을 보았다. 맞절을 나누는 장면은 한국인의 상생 예절이 되살아난 듯 따뜻했고, 보는 이들의 가슴까지 훈훈하게 했다.

청소 노동자의 하루는 가장 먼저 출근해 더러움을 닦아내는 일로 시작된다. 화장실 냄새를 견디고, 사무실의 먼지를 털어내면서도 이름조차 불리지 못하는 자리. 한 가정의 가장이자 부모이지만, 일터에서 숨어 노동하는 존재가 되는 것이 현실이었다. 계약이 해지될까 늘 불안에 시달리는 불완전 고용의 대명사, 그것은 청소 용역이다. 나는 이 장면을 보며 오래전 한 장면를 떠올렸다. 1979년 10월 26일, 대통령이 피살되고 계엄군이 도심을 장악한 시기였다.

세종로 종합청사로 출근하던 김옥길 문교부 장관은 계엄군의 총칼 앞에 차에서 내렸고, 지하보도로 끌려갔다. 그 후 출근 못한 장관은 청사 수위들을 자택으로 초청했다. 앞치마를 두르고 직접 만든 평양냉면과 불고기를 대접받은 선행은 두고두고 회자했다. 승용차 문을 여닫던 수위들에게 장관 손맛으로 대접받았던 그들의 찬사를 오래도록 들었다. 높은 자리에 있었지만, 마음을 낮춘 장관의 인품은, 절보다 더 크고 깊은 인사였다.

결국 진정한 권위란 낮춤에서 비롯된다. 큰 절한 국회 사무총장의 몸짓이나, 수위들에게 냉면을 대접한 장관의 배려는 같은 울림을 가진다. 소통과 공생, 그것은 기득권자가 조금 내려놓을 때 비로소 가능하다. 국회의원들의 특권을 줄이고, 약자들의 삶에 귀 기울일 때 비로소 사회는 균형을 찾을 수 있다.

'절'이란? 단순히 허리를 굽히는 행위가 아니다. 그것은 타인의 존엄을 인정하고, 서로를 향해 다가가는 다리다. 군림하려는 자의 세상은 오래가지 못한다. 낮아질 줄 아는 자, 절할 줄 아는 자만이 진정으로 존경받는다.

새해 아침의 그 절은 그래서 더욱 빛났다. 권력의 언어가 아닌 몸짓으로 건넨 한 번의 절. 그것이 우리 사회가 잃어버린 예의요, 다시 찾아야 할 겸손이다.

정치와 종교가 손잡을 때의 비극

– 1992년 '휴거騷動'에서 2025년 탄핵 정국까지, 종교와 권력의 야합이 남긴 상흔

신앙은 본래 위로와 구원의 언어였다. 병든 자를 돌보고, 가난한 자를 일으키며, 삶의 무게에 지친 이들에게 쉼을 주는 것이 종교의 사명이었다. 그러나 정치와 손잡는 순간, 신앙은 다른 얼굴을 갖는다. 그것은 가장 강력한 대중 선동의 도구가 되고, 때로는 민주주의마저 위협하는 힘으로 변질된다. 한국 현대사는 그 사실을 너무도 선명하게 보여준다.

1992년 가을, 한국 사회는 '휴거'라는 전대미문의 사건으로 술렁였다. 한 목사가 "10월 28일 자정, 우리는 하늘로 들려 올라간다"라는 설교를 내놓았고, 그 말은 순식간에 수만 명의 마음을 사로잡았다. 교단에서 시작된 한마디는 곧 일상의 기반을 무너뜨리는 신호탄이 되었다. 대학생들은 학업을 포기했고, 직장인들이 사표를 내고, 가정은 흩어졌다. 심지어 부모의 만류에도 불구하고 집을 뛰쳐나가 교회에서 지내던 청소년들도 있었다.

그 광기의 절정은 부산에서는 한 젊은 여인이 스스로 목숨을 끊었

다. “세상이 싫다”는 유서와 함께, 가족에게는 “666 바코드가 도입되면 신앙을 지켜 달라”는 당부를 남겼다. 인간의 불안과 종말에 대한 공포가 종교적 언어와 결합할 때, 그것이 얼마나 절망적인 선택으로 이어질 수 있는지를 보여준 사건이었다.

그러나 자정은 지나갔고, 세상은 여전했다. 휴거는 거짓이었고 남은 것은 허망함뿐이었다. 청춘은 속절없이 무너졌고, 가산은 탕진했다. 교회의 지도자는 사기와 횡령 혐의로 구속되었지만, 무너진 삶은 돌아오지 않았다.

나는 그날의 풍경을 아직도 기억한다. 전북 완주 깊은 산속, 하얀 옷을 입고 종말을 기다리며 기도하는 현장에 있었다. 주변에는 자녀를 되찾으려 울부짖는 부모, 남편이나 아내를 잃을지 두려워 눈물짓던 가족들을 보았다. 언론과 경찰, 외신 방송까지 모여들어 실황중계 소동이 벌어진 그곳은 멘붕에 휘말린 비극의 무대였다. 인간의 두려움과 종교의 탐욕이 빚어낸 집단적 착시, 그것이 바로 ‘휴거’의 실체였다.

역사를 돌이켜보면, 종교와 권력이 손잡을 때 사회는 늘 뒤틀렸다. 중세 교회의 면죄부가 그러했고, 한국 사회의 백백교와 오대양 사건도 그러했다. 종교가 ‘영원한 생명’을 미끼로 헌금을 요구하던 장면은, 정치가 ‘구원자’를 자처하며 권력을 사유화하는 장면과 겹쳐진다.

세월이 흘러도 그 고리는 끊어지지 않았다. 2025년, 대통령이 탄핵당한 한국 사회는 또다시 종교와 정치의 야합으로 들끓고 있다. 특정 종교 단체가 정치인의 권력 기반이 되었고, 종교 지도자가 국정에 그림자를 드리우며 매관매직에 관여했다는 사실이 드러났다. 휴거 소동이 청춘의 삶을 삼켰다면, 오늘의 유착은 민주주의의 기반 자체를 뒤흔들고 있다.

신흥 종교 총회장이 그 전형적인 사례다. 코로나19 펜더믹 초기에 대규모 집단 감염의 중심에 서며 한국 사회 전체를 혼란에 빠뜨린 그는 이후에도 정치적 발언을 이어가며 특정 정치 세력과의 관계 의혹을 낳았다. 신앙을 방패로 법적 책임을 회피하려는 모습은 1992년 휴거의 지도자들과 닮아 있었다.

통일교의 총재 또한 정치와의 접점에서 자주 언급된다. 통일교는 오래전부터 전 세계적 네트워크를 통해 선진 일본과 미국에서 정치적 영향력을 넓혀왔고, 한국 사회 내부에서도 특정 정치인과의 교류가 드러나곤 했다. '종교'라는 이름으로 시작했지만, 그 본질은 거대한 자본과 정치인의 결탁이 문제를 야기했다.

윤석열 정부 초기 논란이 되었던 '건진법사' 사건은 더욱 기묘한 장면을 보여준다. 무속인이 선거 캠프에 깊이 관여했고, 대통령 후보의 손에 임금 왕 자를 쓰고 T. V 등장에 사회는 충격에 휩싸였다. 종교와 정치, 나아가 미신적 신앙이 뒤엉켜 국정의 방향을 좌우할 수 있다는 가능성은 민주주의 사회에서 결코 가벼이 넘길 문제가 아니었다.

더 씁쓸한 것은, 이 과정에서 탈세와 축재가 버젓이 행해진다는 사실이다. 1992년 휴거 소동 당시 일부 교회는 휴거 자격에 110만 원에 "부가세 10%"까지 붙였다는 우스꽝스러운 말이 돌았다. 신앙의 이름으로 돈을 거두면서, 정작 지도자들은 납세의 의무를 회피했다. 오늘날 풍경도 달라지지 않았다. 헌금은 사유화하고, 정치권력은 세금을 피할 방법을 교묘히 제안한다.

지도자라면 무엇보다 먼저 실천해야 할 본분이 있다. 그것은 특권이 아니라 책임이다. 국방과 납세, 이 두 가지는 국민 모두에게 부과된 최소한의 의무다. 스스로를 지도자라 부르는 사람이라면 누구보다 앞장서서 지켜야 한다. 그러나 오늘 우리의 현실은 정반대다. 신앙을 팔아 면죄부를 만들고, 정치권력은 자리를 사고판다.

나는 여전히 묻는다. 지도자의 자격은 무엇인가. 학식이나 권력이 아니라, 자신을 낮추고 책임을 다하며 약자를 먼저 살피는 것, 그것이야말로 지도자의 조건이다. 종교의 본령은 가난한 자를 돕고 병든 자를 위로하는 데 있고, 정치의 본령은 세금을 통해 사회적 약자를 보호하는 제도를 만드는 데 있다. 그런데 종교와 정치가 손잡아 매관매직과 탈세를 일삼는다면, 그 사회의 미래는 어두울 수밖에 없다.

우리는 한 때 하늘로 오르려던 사람들을 보았다. 그러나 진정한 휴거는 하늘에 있지 않았다. 그것은 땅 위에서 서로를 존중하며 살아가는 데 있다. 납세와 책임, 약자를 먼저 돌보는 마음, 그것이야말로 우리가 맞이할 수 있는 가장 성실한 구원이다.

작금 종교인을 통한 일부 정치인들의 매관매직은 휴거보다 더 큰 소동으로 번졌다. 한 사회를 위태롭게 만드는 것은 종교의 이름을 빌린 탐욕과 정치의 이름을 빌린 야합이다. 우리는 이 앞에서 반드시 물어야 한다. 어디서부터 바로잡아야 하는가.

답은 의외로 단순하다. 먼저 납세하라. 그리고 낮아지라. 그것이 지도자 최소한의 의무이자, 공동체를 지탱할 가장 강력한 신앙이다. 역사는 우리에게 이미 수차례 경고했다. 그러나 지금도 우리는 같은 질문 앞에 서 있다. 지도자들이여, 이제는 정신 차려야 할 때다.

타산지석他山之石

'공정'은 어느 시대에나 인류가 붙들어야 할 화두다. 몇 해 전, 독립영화제가 선정한 대한민국 범죄극 '공정사회'가 화제를 모았다. 마이클 샌델의 저서 『정의란 무엇인가』 서문에는 이런 구절이 있다. "미국인 38%, 한국인 74%가 불공정하다고 답했다." 근대 법조 백 년 역사 속에서 우리 국민이 사법부를 온전히 신뢰하지 못한다는 통계는 결코 가볍지 않다. 법원 공무원 78%가 대법원장 사퇴를 희망하는 설문조사가 발표되었다.

실제 역사는 이런 불신을 방증하듯 기록되어 있다. 몇 해 전, '대법원장 재판 관여' 논란에 분노한 한 시민이 후임 대법원장에게 화염병을 던진 사건도 있다. 인과응보, 사필귀정이라는 격렬한 여론이 분출하던 시기, 대법원 전시관에는 특별한 전시가 준비되어 있었다. 유신치하 긴급조치 위반으로 기소된 200여 명의 시국사범 가운데 유일하게 무죄를 선고했던 이영구 판사를 기리는 전시관을 찾아갔다. "헌법과 양심에 따라 판결했다"라는 그의 한마디는 시대의 빛이자 어둠을

꿰뚫는 정의의 목소리였다. 그러나 아이러니하게도, 전시관은 화염병 소동으로 봉쇄되어 들어갈 수 없었다.

법조의 역사에서 전주 덕진 공원에 '법조 삼성'이라 동상이 서 있다. 초대 대법원장 가인 김병로는 "법관이 의심받는다면 법관 전체의 명예가 실추된다."라고 경고하며 청렴과 독립을 지켰다. 최대교 검사장은 권력의 압박을 뿌리치고 3 · 15 부정선거 사범과 4 · 19 발포 책임자를 기소하며 "청렴하기에 강직할 수 있다"라는 말을 남겼다. 김홍섭 대법관은 종교적 탐구와 더불어 인권과 양심을 중시하며 근신과 검소의 삶을 살았던 세 분을 법조인들은 기억한다.

법조 삼성의 뿌리를 더 거슬러 올라가면, 조선시대 순창의 삼인대에 이른다. 순창군수 김정, 담양부사 박상, 무안현감 유옥은 임금에게 목숨 걸고 폐비 신씨 복위를 주장하다 뜻을 꺾인다. 그들의 정신적 근원은 정읍 태인의 무성서원과 남고서원으로, 임진왜란 당시 목숨을 내놓은 의병장과 이순신 장군 또한 선비 정신의 후예들이다. 결국 전라도 선비 정신은 단순한 학문적 전통을 넘어, 법조인의 양심과 정의감으로 이어졌다고 보아도 무방하다.

그렇기에 나는 생각한다. 법조 삼성의 반열에 이영구 판사를 더해 법조 사성이라 불러도 손색이 없다고. 암흑의 시대에 무죄 판결 하나로 수많은 양심을 지켜낸 그의 결기는, 다른 무엇보다 빛나는 정의의 증거였다.

오늘의 현실은 어떠한가. "끼리끼리 다 해 먹는다."라는 세간의 냉소, '같은 학교, 같은 지역, 같은 줄'로 이어진 유착 구조의 그림자가 여전히 짙다. "사법부가 공정하지 못하다"는 목소리는 사라지지 않고, 오히려 확산된다. 유권무죄 · 무권유죄, 유전무죄 · 무전유죄라는 뼈 때린 말들이 아직도 살아 있다.

이럴수록 우리는 역사의 거울을 들여다보아야 한다. 타산지석, 남의 산의 돌이라도 내 산을 다듬는 데 쓰일 수 있다고 했다. 김병로의 청렴, 최대교의 강직, 김홍섭의 청빈, 그리고 이영구의 양심은 오늘의 우리에게 무엇을 일깨우는가. 그들의 자취는 법조계뿐만 아니라, 예술과 문학을 포함한 모든 영역에 해당되는 타산지석이다.

문학과 예술 또한 예외일 수 없다. 권력과 이익에 유착된 창작은 곧 생명을 잃는다. 정신의 높이를 지향하지 못하는 문학과 예술은 관습과 제도의 틀 안에 갇혀버린다. 공정한 법조인을 그리워하듯, 우리는 공정한 문학, 공정한 예술을 갈망해야 한다.

공정은 제도의 문제가 아니라 양심의 문제이며, 권력의 문제가 아니라 정신의 높이에서 비롯된다. 정의를 향한 판사의 외로운 판결처럼, 한 편의 문학도, 한 줄의 예술도 시대를 비추는 등불이 되어야 한다. 지금 우리 모두에게 필요한 것은 타산지석의 자세, 그리고 양심을 지키려는 용기가 아닐까?

저도 추억

아침까지도 갈까 말까 마음이 갈팡질팡했다. 강수 확률이 칠십 퍼센트라니, 비 소식은 발걸음을 망설이게 했다. 그러나 소풍을 앞둔 아이처럼 새벽잠이 깨어 창문을 열어보니 아스팔트가 촉촉히 젖어 있었다. '오늘은 그저 하루를 맡겨보자.' 하는 심정으로 준비를 마쳤다. 출발지 관광버스에 오르니 서너 명만 앉아 있었다. '이러다 취소되는 것은 아닐까' 걱정했지만, 몇 군데를 더 거쳐 서른 명 남짓 모객이 채워졌다. 비 오는 날치고는 꽤 의외였다.

버스가 시내를 벗어날 즈음 이슬비는 금세 굵은 비로 변했다. 창가에 앉아 흘러내리는 빗방울을 바라보니 오늘 하루가 헛걸음이 되지 않을까 걱정스러웠다. 그러나 아내는 태연했다. "어차피 나섰으니 운명을 하늘에 맡기자."는 말에 공감했다.

첫 목적지는 제약회사의 강당이었다. 낯선 직원이 나와 약 광고를 장황하게 늘어놓았다. 기가 막히게 비싼 값표를 보고 고개를 저었는데, 구입한 사람은 아무도 없었다. 가이드가 난감한 표정을 지으며

"처음 있는 일"이라 중얼거렸다. 패키지 여행의 이면을 처음 본 순간이었다. 두 번째 방문지는 건강식품 판매소였다. 빗방울을 피해 처마에 모여든 참새처럼, 우리 일행도 그곳에서 장시간 설명을 들어야 했다. 아내는 결국 값비싼 천마를 구입했다. 여행길에서 마주한 작고 큰 유혹 앞에서 우리는 종종 웃으며 지갑을 연다.

그렇게 시간을 보내고서야 버스는 거제를 향해 달렸다. 비는 여전히 추적추적 내렸고, 고속도로 곳곳에서는 접촉사고가 이어져 속도가 지체되었다. 두 시 출항 예정인 여객선을 놓칠까 마음이 조급했다. 진주에서 거제 시내까지 이어진 정체는 한숨을 불러냈다. 다섯 시간을 빗길에서 보내고도 '그냥 돌아가야 하나' 싶은 순간, 기적처럼 선착장에 닿았을 때 여객선은 아직 기다리고 있었다.

승선과 동시에 맞닥뜨린 안내 방송이 분위기를 바꾸었다.

"금단의 섬, 저도가 오십 년 만에 열렸습니다. 왕의 기운이 서린 청해대에 오신 것을 환영합니다."

그 목소리에는 자부심이 담겨 있었다. 1972년 박정희 대통령 시절, 정주영 현대그룹 회장이 지은 별장이 바로 청해대였다. 대통령 전용 별장이라니, 우리 같은 평범한 국민은 상상조차 못 하던 세계였다.

나는 문득 신문에서 본 한 장의 사진을 떠올렸다. 2013년 박근혜 대통령이 저도 백사장에 '저도의 추억'이라고 모래 위에 적던 모습이었다. 고독한 여인의 뒷모습은 유난히 쓸쓸해 보였다. 부모를 총탄으로 잃고, 어린 나이에 가족의 생계를 떠맡아야 했던 기억이 그 글씨에 스며 있다. 모래 위에 쓴 글은 파도에 곧 지워지지만, 그 순간의 고독만큼은 오롯이 남는 법이다.

섬을 거닐다 보니 안내판에는 역대 대통령들의 방문 기록이 나열되어 있었다. 그러나 그 화려한 행적 뒤에는 늘 그늘이 드리워져 있었다. 탄핵으로 구속된 대통령, 임기를 마치고도 감옥을 오간 대통령, 권좌에서 물러난 뒤에도 무속에 기대어 불안을 달래던 대통령들…. "조선 천하제일명당"이라는 말이 무색하게, 그들의 말로는 기구하기만 했다. 혹여 이곳의 '왕의 기운'이 저주로 작용한 것은 아닐까 하는 생각마저 들었다.

정상 부근에서 마주한 곰솔나무는 수령이 사백 년에 이른다고 했다. 거대한 줄기 앞에서 가이드 설명이었다. "이 나무 앞에서 문재인 대통령은 십이 분, 윤석열 대통령은 십팔 분 기도했습니다." 순간 묘한 씁쓸함이 밀려왔다. 최고 권력자들이 기도하는 모습, 그 속에는 인간적 두려움과 바램이 담겨 있었을 것이다. 그러나 동시에, 풍수와 명당을 둘러싼 무속적 믿음이 여전히 권력의 심장부를 파고든 현실을 떠올리게 했다.

나는 문득 생각했다. 명당의 기운이 역사를 바꾸지 않는다. 권력자를 지탱하는 것도, 무너뜨리는 것도 결국은 그가 걸어온 삶과 남긴 흔적일 뿐이다. 백성들이 기억하는 것은 풍수의 이론이 아니라, 한 지도자 정책의 성패뿐이다.

저도의 바람은 이제 한낮의 열기를 머금고 있었다. 비로 젖었던 해변은 햇살에 반짝이며 마치 아무 일도 없었던 듯 빛났다. 아내와 함께 손을 맞잡고 산길을 내려오며 나는 깨달았다. 진정한 '저도의 추억'은 대통령들의 별장도, 왕의 기운도 아닌, 이 빗속 여행에서 함께 웃고 걸었던 소박한 시간이었다.

역사는 화려한 이름으로 남지만, 개인의 삶은 이렇게 작은 추억들로 엮인다. 언젠가 이 기억도 바람에 스쳐 지나가겠지만, 그 순간만큼은 분명히 내 삶의 한 페이지로 남을 것이다. 저도에서의 하루는 그렇게 내 마음속에 조용히 새겨졌다.

저도에서 벌인 휴가의 여진이 2025년 한해 연말까지 계속된다. 구속된 대통령 부부의 기행이 양파껍질 벗기듯 하나하나가 특검에 벗겨지고 있다.

2025년 한해동안 대한민국 국민들은 현대판 벌거숭이 임금의 실체를 관망하고 있다.

월남전의 교훈, 다낭에서 마주한 역사

아름다운 휴양지의 풍경 너머,
전쟁의 상흔과 민간인의 눈물이 여전히 살아 숨 쉰다.
여행은 단순한 유람이 아니라, 과거와 현재를 잇는 성찰의 시간이었다.

"집 나서면 고생"이라 했지만, 코로나 이후 눌러왔던 여행 갈증은 나를 다시 베트남으로 이끌었다. 20년 만의 재방문, 이번에는 다낭이었다. 그러나 눈앞의 푸른 바다와 야자수 풍경 속에서도 나는 전쟁의 그림자를 보았다. 한국군, 미군, 베트남 민간인, 그리고 이름 없이 바다에 잠든 난민들의 기억이 미케 해안에 겹겹이 쌓여 있었다. 여행은 즐거움이자 동시에 무거운 깨달음이었다.

1. 다시 찾은 베트남, 다낭의 첫인상

다낭 공항에 내리면서 20년 전 하노이의 노이 바이 공항이 떠올랐다. 과거와 다른 현대화된 모습이었다. 숙소는 미케비치의 그랜드투란 5성급 호텔이었다. 아침 식사 자리에서 바라본 미케 해변은 마치 괌의 해안가처럼 이국적인 풍광이다. 야자수가 늘어선 바닷가, 파도에 몸을 맡긴 사람들. 평화롭고 풍족한 풍경이지만 내 마음은 왠지 무거웠다.

첫 방문지는 다낭 대성당. 첨탑 끝에 수탉이 앉아 있어 '수탉 성당', 분홍빛 외벽 때문에 '핑크 성당'이라 불리는 곳이다. 전주의 전동성당과도 비슷한 양식임에도 수차례의 전쟁 포화 속에서도 성당은 그대로 서 있어 신앙의 집요한 생명력을 보았다. 이어 찾은 곳은 오행산. 화·수·목·금·토를 상징하는 다섯 봉우리 중 '수水'에 해당하는 산이다. 석회암 동굴로 들어가니 곳곳에 총탄 자국이 선명했다. 가이드는 설명했다.

"월남전 당시, 오행산에 고립된 한국군을 구출하기 위해 미국 폭격기가 동굴을 타격했습니다. 당시 비밀문서가 뒤늦게 공개됐습니다."

실제로 동굴 천장에는 폭격의 흔적이 남아 있었고, 벽면의 탄흔은 내가 군대 시절 근무했던 중앙청 석조 건물에 나타난 탄흔과 똑같았다. 지하로 내려가니 '지옥문'이라 불리는 계단이 나타났고, 끝에는 불꽃 모양의 돌 위에 새겨진 '心' 자가 있었다. 불교의 가르침, "일체유심조一切唯心造." 그러나 나는 끝내 '천당으로 오르는 계단'을 다 오르지 못했다. 후끈한 공기에 가슴이 뻐근했고, 혈관에 삽입한 스텐트가 막힐까 두려움도 스쳤다. 천국과 지옥은 그렇게 여행자의 몸과 마음에서도 교차한다.

2. 전쟁의 그림자와 전우의 이야기

호이안으로 향하는 길, 도자기 마을에서 돼지와 양 모양의 호루라기를 받았다. 쌍둥이 손자들에게 가져다주면 호루라기를 불면서 뛰어다닐 모습을 떠올리며 기쁜 마음으로 받았다. 그러나 곧 이어진 가이드의 이야기는 웃음을 멈추게 했다.

그는 과거 한국 해병대 청룡부대를 안내한 적이 있다고 했다. 그들이 투먼강 앞에서 전우를 기리며 에비앙 생수를 강에 부었다는 것이다. 전우가 전투 중 피를 흘리며 죽어가면서 "목이 마르다"던 마지막 부탁을 50년 만에 실천했다고 전하던 그 장면에서 가이드가 숙연하게 설명했다.

이어진 이야기가 더 충격적이었다. "월남전에 참전했다가 부상으로 귀국을 포기한 한국군 병사들이 아직도 베트남에 남아 있습니다." 가족들에게는 이미 '전사 통보'를 전했지만, 그들은 부상으로 가난한 가족을 위해 귀국을 단념하고 살아 있다는 사실이다. 이제 80세 전후의 노인들, 제사를 지내며 유족연금을 타는 가족들이 있지만, 정작 그들은 반세기 동안 머나먼 공산국가에서 비참하게 산다는 현실이었다. 늦게나마 한국 정부가 군인연금을 지급한다고 하지만, 그들의 삶은 이미 너무 깊은 상처였다.

20년 전 하노이에서 보았던 '라이따이한' 청소년들의 상처가 떠올랐다. 손발이 지뢰에 잘려 구걸하던 아이들. 전쟁은 끝나도, 고통은 계속된다.

3. 학살의 진실과 기억의 무게

1968년 구정 대공세 당시, 청룡부대가 투입된 다낭과 호이안 일대는 전략 요충지였다. 그곳 퐁니 · 퐁넛 마을 민간인 70명이 학살당했다는 미 국방정보국 비밀문서가 2017년에 공개되었다. '귀신 잡는 해병'이라는 별명은 한국 국민에게 자긍심 부대지만 베트남인들에게는 악마의 부대였다.

통일 후에도 그 상흔은 이어졌다. "미군 · 한국군에 협력한 군속과 인근의 베트남 국민들까지 부역자로 몰려 학살했다."고 한다. 미군과 한국군과 군속들이 머물던 장소는 저주의 지역으로 아직까지 버려둔 땅이 있다. 이 저주의 지옥에서 탈출을 시도한 수많은 이들이 미케 해안 바다에 숨을 멈췄다. 세계적 휴양지로 유명한 미케 해변은 사실상 난민 3만 명이 수장된 비극의 바다였다.

그들의 영혼을 위로하기 위해 세워진 영응사, 해수 관세음보살상은 지금도 해안을 굽어보고 있다. 높이 67미터의 거대한 상, 바다로 뛰어든 보트피플의 넋을 달래기 위함이란다. 그러나 관광객 대다수는 그 사연을 모른 채 기념사진만 찍고 지나친다.

4. 다낭에서 얻은 교훈

마지막 날, 미케 해변에서 본 풍경은 평화로웠다. 해수욕을 즐기는 시민들, 조개를 잡는 노인, 야자수 그늘 아래 맨손체조를 하는 여성들. 연안에서 한국 서남해안에서 조개를 잡기 위한 도구 그랭이질을 하는 사람도 보았다. 그러나 그 풍경 아래에는 피와 눈물의 역사가 겹겹이 쌓여 있었다.

분단국가의 비극은 남의 일이 아니다. 베트남처럼 한반도 역시 강대국의 이해 속에서 분단되었다. 전쟁은 언제나 약소국 국민에게 가장 가혹하다. 귀신 잡는 해병으로 불린 파월 장병 오천 명도, 사실은 미군의 안전을 위한 용병에 불과했다. 그 대가로 한국 경제가 성장했다지만, 고통은 베트남 민간인과 가족들의 몫이었다.

귀국길 버스 안에서 들은 뉴스가 겹쳐졌다. "소련군이 학살한 우크라이나 민간인 440구 시체가 발굴됐다." 전쟁은 과거의 일이 아니다. 오늘도 지구 곳곳에서 되풀이된다.

다낭에서의 여행은 아름다웠지만, 동시에 무거웠다. 전쟁은 끝나지 않았다. 가이드가 건넨 쌀 한 톨 열쇠고리에 새긴 '준구'라는 이름을 새긴 사람도 전쟁 피해자 국가와 연계고리를 상기 시켰다.

케네디의 말이다.

"좋은 전쟁도, 나쁜 평화도 없다."

제5부

야누스 인생

책 출간

호적상 생일날, 첫 번째 수필집을 냈다. 책 속에는 한 사람의 인생이 담겼다. 가슴을 태우며 머리로 풀어낸 것을 손끝에서 정리된다. 버킷리스트로 출판한 책을 손에 쥐고 보니 후련하고 허전하다. 그러나 가족들의 평가는 의외로 냉정하다.

가정의 소소한 일상이 까발려졌다는 불만도 나왔다. 술을 조심하라는 편지를 받았던 사위는 그 글을 보관한다고 했다. 답장 한번 없던 사위의 속마음도 알았다. 그는 "술을 마신 글은 사실대로 썼다"라는 촌평을 남겼다. 딸들은 이름이 표기되어 명예가 훼손되었다며 투정을 부렸지만, 그 표정 속엔 오히려 웃음이 섞여 있었다. 아들은 신문에 실린 서평을 스크랩해 새벽 두 시 반에 카카오톡으로 보내왔다. 그것이 바로 「아버지의 뒷모습」을 마주한 가족의 다양한 반응이다.

친구와 지인들은 "대단하다"라며 전화와 문자를 보내왔다. 동시대를 살아온 이들은 시대의 흔적과 감정에 공감을 표시했다. 세세한 어린 시절의 기억을 어떻게 그렇게 간직하고 있느냐는 물음도 많았다. 사실 잊어도 좋을 일까지 집요하게 기억하는 습관은 어머니의 DNA 같다. 노모는 최근 일은 잊었어도 옛날의 사건들은 또렷하게 기억하신다. 유년의 나를 기억하는 딸과 손녀 또한 놀라운 기억력을 보여준다. 기억은 세대를 잇는 유산인지도 모른다.

세상에는 '시답잖은 책이 세상에 넘친다.'라는 냉소도 있다. 그러나 한 권의 책이 세상에 나오기까지는 백팔번뇌에 가까운 고민과 수많은 퇴고가 따른다. 다작한 작가들을 폄하하는 이도 있지만, 원고지 한 장을 채우기 위해 들이는 시간과 비용, 마음의 소모는 결코 가볍지 않다. 글은 성찰과 수양의 과정이며, 때로는 미워하던 사람을 이해하고, 그리운 이를 새삼 불러내는 화해의 통로가 된다. 사투리가 표준어로, 옛 맞춤법이 새로운 규범으로 변해가는 과정을 따라가며, '단어 하나에 깃든 진실'을 찾아 헤매다 밤을 새운 적도 많았다.

"이것도 책이냐" 묻는 이도 있겠지만, 내게는 유서와도 같은 기록이다. 비록 누군가에겐 필요 없는 책일지라도, 내 삶을 사랑했던 이들에게 남기고픈 이야기를 담아냈다. 글로 남기는 것은 대화의 또 다른 방식이다. 육성을 넘어 세월을 뚫고 이어지는 목소리이기도 하다.

한 사람이 관리할 수 있는 인간관계의 한계가 150명쯤이라 한다. 그러나 책은 그보다 열 배, 백 배 많은 이들에게 말을 걸 수 있다. 나의 이야기가 때로는 위로가 되고, 때로는 반성의 거울이 되어 누군가의 마음에 작은 흔적이라도 남는다면 그것으로 충분하다.

죽음의 문턱에서야 아버지의 역할을 깨달았듯, 나는 이제서야 글의 의미를 안다. 책은 결국 「아버지의 뒷모습」과도 같다. 무심히 걷던 발자국이 뒤돌아보는 이들에게는 길이 되고, 때로는 삶을 버텨낼 힘이 된다. 나의 책 또한 언젠가 누군가의 길 위에 조용히 놓여 있기를 바란다. 그것이 생일날 1쇄에 이어 2쇄, 3쇄로 연결될 것이다.

학의 몸짓과 나

삼천 천변에서 나는 학을 유심히 관찰한다. 하늘의 선녀처럼 물 위에 내려와 걷는 모습은 버선발로 마중 나서는 친영親迎의 걸음 같다. 긴 다리, 가녀린 발끝이 내디디는 발걸음은 마치 전족한 여인의 조심스러운 걸음처럼 보인다. 그러나 자세히 들여다보면 그것은 단순한 발걸음이 아니다. 학의 걸음은 곧 몸짓이고, 춤이며, 마음의 언어다.

양팔을 너울대듯 흔들며 내딛는 발걸음은 물 위를 걷는 듯하다. 그것은 도사의 경공술처럼 날렵하고도 가볍다. 때로는 깨금발로 살금살금 다가가는데, 이는 마치 잠든 송사리를 놀라게 하지 않으려는 배려 같다. 앞으로 나아가는 듯하다가 물러서고, 오른편으로 향하는 듯하다가 다시 왼편으로 돌아선다. 흐르는 강물처럼, 스쳐 가는 바람처럼 흔적도 남기지 않는다. 산사의 뜰에 떨어지는 낙엽 같은 움직임이다.

다가서면 피하는 학의 걸음은 바람의 기류에 실려 떠다니는 낙엽처럼 흘러가고, 화선지에 번지는 먹향처럼 여백을 채운다. 물결에 파문을 남기지 않는 정제된 걸음은 영국 신사의 단정함보다, 오히려 한국 선비의 고고한 기품에 가깝다. 한량의 춤으로 불리지만, 학의 몸짓은 결코 흥청거리는 춤이 아니다. 그것은 내면의 수양을 닦는 수련이자, 욕망을 억제하며 하늘을 향해 다짐하는 의지의 몸짓이다.

짝짓는 듯한 학의 춤사위에는 드러내지 않은 삶의 고백이 숨어 있다. 단전에 모은 힘과 허리에 얹은 손은 부끄러움을 감추는 듯하고, 소리 없는 발걸음은 부드러움과 고요를 자박자박 새겨 넣는다. 궤도처럼 돌고 도는 동선 속에 의연함이 배어 있고, 십자형으로 벌린 팔에는 태산 같은 장중함이, 학의 날개에는 정중한 품격이 깃들어 있다.

반듯한 시선과 바른 몸가짐, 균형 잡힌 걸음걸이와 절제된 손짓은 하늘과 땅을 잇는 바느질 같다. 접은 무릎과 버선코 아래 발바닥이 대지를 밀어내고, 양팔은 천의무봉을 완성하는 바늘이 된다. 하늘과 땅 사이를 연결하는 천사의 바느질, 그것이 학의 춤이다.

그 몸짓은 과장되지 않는다. 상모 돌리듯 어지럽게 휘돌지도 않고, 천둥 치듯 몰아치는 발레도 아니다. 남의 영역을 침범하지 않으면서 오직 자기의 자리 안에서 스스로를 돌아본다. 과하지 않고 움츠리지도 않으며, 진퇴와 좌우를 두루 살피는 자애로운 춤이다.

인간의 탐욕을 벗어던진 가벼운 발걸음 속에서 청빈의 멋이 드러난다. 학의 날개짓은 가볍지만 그 속에는 무거움이 숨어 있다. 바람에 나부끼는 깃털 같으면서도, 하얀 눈송이가 흩날리듯 맑고 고고하다. 잔잔한 호수 위에 서서히 접히는 날개는 착륙하는 비행기처럼 평온하다. 때로는 먹이를 향해 나아가는 사냥의 순간에도, 그 몸짓은 고요 속의 품위를 잃지 않는다.

흔들림 없는 머리와 꼿꼿한 눈망울, 그것은 세상과 타협하지 않는 기개다. 학의 춤, 곧 선비의 춤은 여백에 수를 놓는 행위 예술이다. 군더더기 없이 정제된 선線으로 공간을 가르고, 침묵 속에 울림을 남긴다.

학은 곧 선비다. 선비의 춤은 고요한 수양의 몸짓이자, 자신을 스스로 다스리는 절제의 미학이다. 화려하지 않되 빛나고, 소리 없이도 울림이 크다. 그래서 학의 몸짓은 단순한 춤이 아니라, 곧 삶의 태도이며 한 시대를 살아낸 선비 정신의 상징이라 할 수 있다. 나이가 들수록 나도 삼천천에 노니는 학처럼 살고 싶다.

이원희 교수님 영전에

"회장님, 이원희 교수님 부고 문자를 받으셨나요?"

2024년 6월 6일 목요일 오전, 문예반 총무의 다급한 목소리를 듣는 순간, 순간적으로 '보이스 피싱'이 떠올랐다. 대낮에, 그것도 믿기 어려운 소식이니 장난이거나 허위일 것이라 스스로를 안심시키려 했다. 그러나 이내 도착한 같은 내용의 문자를 확인하고는 손끝이 떨려왔다. 불과 며칠 전까지도 정정하게 수업을 준비하시던 모습이 눈앞에 선했기에, 믿을 수 없었다.

일주일 전, 교수님은 방학 중에도 15강 보강을 위해 교재를 준비하셨다. ""문예연구"에 투고하면 작은 원고료라도 지급 하겠다"라며 명함을 건네주던 모습이 생생하다. 열악한 출판계에서 권위 있는 문예지를 만들고 싶다는 열정이 그 짧은 말 속에 응축되어 있었다.

나와의 인연은 3년 전으로 거슬러 올라간다. 인문학 강좌를 새로 열었으나 수강 인원이 적어 개설이 어려웠던 때, "두 세 명만 있어도 강의를 하겠다." 하신 결연한 의지 덕분에 결국 수업은 열릴 수 있었다. 그 후 강의는 입소문을 타고 수강생이 몰렸고, 겨울 특강에는 40여 명이 강의실을 가득 메웠다. 교수님은 언제나 겸손한 태도로 문우들과 교류하며, 존경과 신뢰를 쌓아가셨다.

허형석 교수와 더불어 대학과 대학원 선후배인 두 분 강의는 깊이가 남달랐다. 이원희 교수님은 동서양의 철학과 종교, 문학과 사상까지 넘나드는 해박한 지식으로 수업마다 열강을 펼치셨다. 때로는 시간이 모자라 강의실 문을 나서지 못할 정도였다. 수업만이 아니었다. 내장산과 지리산 자락, 목포와 위도까지 함께 떠난 문학 기행에서도 교수님은 늘 토론을 이어가며 "작가는 책임을 져야 한다."라는 지론을 강조했다.

그래서였을까. 믿기 어려운 부고 소식을 확인한 순간, 심장이 요동쳤다. 장례식장 영정은 필자가 스승의 날에 달아드린 카네이션에 환한 웃음 진 사진이었다. 매주 수업을 위해 교수님이 직접 작성하시던 A4 용지 8면 분량의 교재는 결국 「외출한 강의실」이라는 책으로 묶였으나, 이제는 유작이 되고 말았다.

교수님과 나는 같은 시대를 살아온 베이비붐 세대다. 그는 자신보다 늘 국가와 사회를 먼저 생각한 교육자이자 희곡작가, 사상가였고, 철학자였다. 유능한 이가 더 오래 우리 곁에 남아야 마땅한데, 하늘은 어찌 이토록 서둘러 그를 데려가셨을까. 한 문우의 말처럼, "하느님은 유능한 사람을 고생시키지 않고 먼저 불러 가셨다"라는 말이 자꾸만 상기된다.

그분이 매일 평화동 학산을 수만 보 걸으며 써 내려간 「일상으로부터의 사색」과 「자연으로부터의 사색」은 살아 있는 철학적 기록이자 우리 시대 인문학의 귀한 유산이다. 다섯 번째 희곡집 「얼룩 지우기」에 남긴 자서 '혜람'은 유서처럼 읽힌다. 한 줄 한 줄 정성껏 써내려간 그 필적 앞에서, 나는 펜을 내려놓고 한동안 깊은 침묵에 잠겼다.

교수님은 늘 말씀하셨다.

"문학인의 소양은 자신의 글 속에 철학을 담는 것입니다."

그분은 이제 별이 되시어 동서양의 우주를 자유롭게 거니실 것이다. 그러나 남은 우리에게는 그 말씀이 여전히 숙제이자 다짐으로 남아 있다.

군산 추모관에 모셔진 교수님, 부디 편히 쉬시길 기도드린다. 그러나 당신의 가르침과 철학은 여전히 우리의 삶 속에서 살아 숨 쉬고 있음을, 이 글로 대신한다.

(2024)

트로트와 점 하나

요즘 세상은 트로트의 물결이다. 불과 몇 해 전만 해도 '올드한 장르'라며 외면 받던 트로트가, 이제는 대한민국을 넘어 한류의 새로운 흐름이 되고 있다. 그 중심에는 종편 프로그램 미스터 트롯이 있었다. 심야 시간임에도 35%가 넘는 시청률, 700만 명 이상이 참여한 국민투표는 역적이 충신이 되고, 충신이 역적이 되듯, 한순간에 인생이 뒤집히는 무대는 한국 방송 역사에서도 전례 없는 열기를 만들어 냈다.

그 무렵, 세상은 코로나19의 공포에 휩싸여 있었다. 우한에서 시작된 괴질은 일본 크루즈선을 거쳐 전 세계로 번졌다. 마치 중세 페스트를 떠올리게 하듯, 시신은 가족과 작별도 없이 화장되거나 매장되었다. 인간 존엄은 무시되었고, 그 공포는 제2차 세계대전보다 더 깊게 인류의 일상을 뒤흔들었다. 국경은 닫히고, 거리는 텅 비었으며, 심지어 올림픽조차 취소 위기에 몰렸다. 어둠이 드리운 지구촌에서 사람들은 집 안에 갇힌 채 TV를 향했고, 그때 우리를 위로하듯 나타난 것이 바로 목요일 밤의 트로트 경연이었다.

사실 유행가란 늘 시대의 아픔과 기쁨을 담아왔다. 그러나 이토록 트로트가 국민적 위안이 된 적은 없었다. 한이 서린 가락과 따뜻한 선율은 코로나로 지친 민심을 보듬어주었다. 궁하면 통한다고 했던가. 트로트는 어둠 속 혜성처럼 나타나 한 줄기 빛이 되어주었다.

그 가운데 유난히 마음을 사로잡은 노랫말이 있었다.

"님 이라는 글자에 점 하나만 찍으면 남이 되는 장난 같은 인생사."

점 하나. 얼마나 사소한 변화인가. 그러나 그 작은 점 하나가 '님'을 '남'으로 바꿔 놓는다. 사랑이 곧 남이 되고, 남이 다시 님이 되는 인생의 아이러니. 문득 삶과 사랑의 경계도 이 점 하나만큼이나 가볍고도 무거운 것이 아닐까, 생각하게 된다.

미스터 트롯 무대에 섰던 전설의 가수 남진은 "님과 함께"라는 노래를 불렀다.

"저 푸른 초원 위에 그림 같은 집을 짓고 사랑하는 우리 님과 한 백 년 살고 싶어."

노랫말은 단순한 사랑의 서약 같지만, '임'이라는 글자를 곱씹으면 그리 간단치 않다. 'ㅇ'과 'ㅣ', 그리고 무겁게 버티고 있는 받침 'ㅁ'. 그 '임'은 건너야 할 산처럼 버겁다. 산을 덜어내면 남는 것은 '이랑'이다. 두둑과 두둑 사이의 고랑, 경계의 선. 여기에 점 하나를 찍으면 '아랑'이 된다. '아랑'은 소주를 곤 뒤에 남은 찌꺼기이지만 또 다른 의미를 품은 말이다. 점 하나를 어디에 찍느냐에 따라 '어랑'이 되고, 그것은 신고산 타령의 후렴처럼 사랑의 완성이 된다.

결국 사랑은 점 하나의 움직임처럼 끊임없이 변한다. 주역에서 말하는 궁窮 · 변變 · 통通의 이치가 바로 여기에 있다. 궁하면 변하고, 변하면 통한다. 사랑도, 삶도, 그리고 노래 또한 그러하다.

트로트는 단순한 유행가가 아니다. 그 속에는 점 하나가 바꾸는 인생의 아이러니, 변증법적 진리가 숨어 있다. 코로나의 어둠 속에서 우리가 트로트에 열광한 까닭은 아마도 거기서 인생의 변화를 받아들이는 지혜, 그리고 다시 일어설 힘을 발견했기 때문이 아닐까.

(2020)

나이 한 살의 의미

동지가 가까워져 왔다. 예부터 동지팥죽을 먹으면 한 살을 더한다고 전승되었다. 눈 쌓인 마당에서 팥죽 한 그릇을 먹으며 나이를 더한다는 것은, 나이를 먹는다는 것이 곧 삶을 누적하는 일임을 가르쳐 주던 풍습이었다. 그러나 이제 그 풍습은 법과 제도 앞에서 낯설게 흔들린다. 주민등록법은 1968년 무장 공비 침투 사건으로 시작되었다. 출생 년도, 성별, 지역을 구분하여 고정 간첩을 색출하는 목적이 컸다.

2023년 6월 28일, 이 땅에 '만 나이 제도'가 시행되었다. 행정 기본법에 따른 통일이라지만 실제로는 이원화된 채 적용되고 있다. 국민연금이나 복지정책은 만 나이를 쓰고, 병역이나 입학 연령은 개별법에 따른다. 젊은 세대는 큰 동요가 없다. 하지만 주민등록법 시행 이전에 태어난 세대, 음력 생일에 익숙한 이들은 졸지에 한두 살이 줄어드는 경험을 했다. 낯설고도 묘한 감정이었다.

이를테면 1958년 7월 1일생은 2023년 6월까지만 해도 66세였으나,

제도가 시행되자 64세가 되었다. 두 살이 사라진 것이다. 그러나 같은 해 음력으로 태어나 호적에 늦게 오른 이들은 계산이 또 달라진다. 이렇게 보면 나이란 단순한 생물학적 수치가 아니라, 제도와 문화가 만들어낸 사회적 산물임을 새삼 깨닫게 된다.

나는 바로 그 혼란을 온몸으로 겪은 세대다. 초등학교 졸업장에는 닭띠로 기록되어 있었고, 족보에는 개띠, 주민등록은 돼지띠였다. 당시 출생신고를 리장이나 통장이 대신 하다 보니 일어난 결과이다. 어머니 역시 실제로는 1924년생이었으나, 주민등록에는 1926년으로 적혀 있었다. 2025년 5월 소천 하셨을 때, 관습적 나이는 102세였으나, 행정법상 나이는 98세에 불과했다. 이처럼 법과 제도의 기준은 불변의 선을 긋지만, 삶의 체온은 언제나 다른 리듬으로 흐른다.

문득 떠오른다. 백일과 돌잔치 풍습 말이다. 아이가 돌을 지나야 비로소 호적에 올리던 시절이 있었다. 유아 사망률이 높던 시절, 돌을 넘겼다는 것은 곧 생존을 뜻했다. 그래서 부모는 돌잔치를 성대히 열어주며 한 살을 더해 주었다. 왕조시대와 일제 강점기, 국세 부과의 압박을 피하려던 현실적 이유도 있었지만, 무엇보다 "살아남은 것 자체가 축복"이라는 인본주의적 의미가 더 크다.

만 나이 제도는 공정과 합리를 표방했지만, 이런 오래된 풍습의 정서를 지워버렸다. 나이에서 한두 살 줄어든다고 해서 인생이 새로워지는 것은 아니다. 오히려 잃어버린 것은 숫자보다 깊은 정서일지도 모른다.

제도는 늘 새롭게 만들어지고, 시대의 요청에 따라 개정된다. 이명박 정부 시절 도입된 새 주소 제도 또한 벌써 십수 년 지났건만 여전히 사람들은 옛 주소를 기억하고 사용한다. 나이 제도 또한 당분간은 두 갈래로 병행될 것이다. 제도가 사람을 바꾸는 것이 아니라, 사람이 제도를 어떻게 받아들이는가에 따라 삶의 결은 달라진다.

돌아보면, 나이란 결국 인간과 함께 흐르는 시간의 또 다른 이름이었다. 동짓날 팥죽 한 그릇에 한 살을 얹어 살던 기억은, 단순히 숫자를 더하는 것이 아니라 삶의 무게와 기쁨을 함께 받아들이는 의식이었다. 젊은 세대는 제도상 한두 살 줄었다고 환호할지 모르지만, 나이란 단순히 덜어내거나 더하는 문제가 아니다.

나는 이제 묻고 싶다. 위대한 삶이란 무엇인가. 숫자로 셈한 나이가 아니라, 그 나이를 어떻게 채웠는가에 따라 달라지지 않겠는가. 한 살의 많고 적음이 아니라, 그 한 살마다 무엇을 했고 누구를 사랑하며, 어떤 희로애락을 견뎌냈는가가 진짜 나이의 무게일 것이다.

동지가 다가오면 아내는 팥죽을 쑤거나 사 온다. 그릇마다 담긴 붉은 팥알을 보며, 숫자로 줄어든 나이를 떠올리기보다는 늘어난 삶의 이야기들을 떠올려 보고 싶다. 삶과 죽음, 인간과 자연은 결국 이어져 흐른다. 제도가 바뀌어도, 법이 달라져도 흐르는 시간 속에 과거의 관습이 이어진다.

캄보디아 스캠

캄보디아 스캠으로 나라가 시끄럽다. 젊은이들의 한탕주의가 불러온 현상이다. 나는 스스로 사기꾼이라고 부른다. 되돌아보면 내 인생 자체가 사기의 연속이 아니었을까 싶다. 회사와 공직에서 내가 실제로 한 일보다 훨씬 과분한 봉급을 받았다. 경영학에서 배우기를, 봉급은 기본적으로 7:3의 비율이라 했다. 100의 생산성 가운데 70은 사주社主의 몫, 30은 근로자의 몫이라는 뜻이다. 만일 그 비율보다 더 큰 이득을 얻었다면 그것은 '사기'나 다름없다는 것이다.

나의 작은 사기 행각은 일찍이 시작되었다. 부모님을 속여 여행비를 타 내기도 했고, 술자리를 위해 "생계형 모임" 같은 궤변을 지어내기도 했다. 자녀들에게 했던 약속을 슬그머니 뒤집은 적도 있다. 누구에게나 있을 법한 일탈이지만, 돌이켜 보면 삶 곳곳에서 작은 사기의 그림자가 드리워져 있었다.

선친에게서 들었던 '구장 사기꾼' 이야기도 잊을 수 없다. 모내기가 한창이던 시절, 양복을 차려입고 읍내로 향하던 구장은 마을 사람들의 뒷말 거리가 되곤 했다. "저 사기꾼, 오늘은 또 누구를 등쳐먹으러 나가는가?" 마을 사람들과 일하던 논 주인이 농담조로 묻는 말에 구장이 태연하게 대답했다. "오늘 하루만 면사무소에서 배급 준다기에 급히 나간다오." 전화기가 없던 시절, 배급을 착복하던 구장들의 행태를 풍자한 말이었다. 뒤따른 논 주인은 면사무소에서 허탕을 치고 마을로 돌아와 구장을 나무랐다. 구장은 웃으며 대꾸했다. "아니, 어르신이 나를 사기꾼이라 부르지 않습니까. 그래서 거짓말 좀 해드린 겁니다."

그 이야기를 오늘에 대입하면 어떨까. 놀고먹으면서도 국민의 세비를 챙겨가는 일부 국회의원들과 무엇이 다르랴. 사리사욕을 앞세우며 국가와 국민을 앞에 내세우는 행태야말로 가장 큰 사기다.

미국의 전직 대통령 트럼프는 주한미군 주둔비를 네 배 인상하라 요구했다. 계산해 보니 미군 한 사람당 2억 원이 넘는 셈이란다. 한국 청년들이 피땀 흘려 일하는 봉급과 비교하면 몇 배에 달한다. 이쯤 되면 날강도라 불러도 지나치지 않다. 군사 장비와 기지를 팔아치우려는 강대국의 논리에 우리의 안보가 휘둘리는 꼴이다. 안타깝게도 우리 정치인 중에도 이 판에 올라타 떡고물이나 챙기려는 이들도 있다.

정직하지 못한 지도자들을 비판하기에 앞서, 나는 내 삶의 사소한 사기를 먼저 고백한다. 봉급의 반절만 아내에게 주고, 나머지를 술값으로 흥청망청 쓴 적도 있었다. 적은 생활비에 지친 아내는 아이들 앞에서조차 고개를 숙이며 말했다. "오늘 하루 사기를 쳐서라도 가족을 먹여 살려주세요." 그 말에 가슴이 저려, 나는 조금씩 습관을 고쳐

나갔다.

사기는 거창한 범죄만을 뜻하지 않는다. 일상에서 자신에게 주어진 몫보다 더 큰 것을 탐할 때, 남의 믿음을 슬그머니 저버릴 때, 이미 작은 사기가 시작된다. 구장의 엉뚱한 농담이 사람들을 웃음거리로 만들었던 것처럼, 사소한 거짓은 결국 자신을 부끄럽게 만든다.

오늘의 세상은 정치적, 국제적 사기극이 난무한다. 그러나 남 탓하기에 앞서 우리 각자가 자신의 봉급과 삶을 돌아봐야 하지 않을까. 내가 받은 것이 과분하다고 느낀다면, 그만큼을 사회에 돌려주고, 가족과 이웃에게 나누며 살아야 한다. 진정한 공정은 멀리 있는 것이 아니다. 작은 사기를 줄이고, 솔직하게 살아가려는 각자의 노력에서 시작되는 것이다. 젊은이들의 스캠은 누구 탓일까?

야누스 인생

1월의 차가운 새벽, 천변 징검다리 위에서 미끄러졌다. 살얼음이 언 징검돌에서 몸이 허공으로 기울었을 때, 추락 직전 두 손으로 돌을 움켜잡았다. 본능적인 동작으로 위기를 모면했다. 손바닥에 전해진 차디찬 돌의 온도로 살아 있다는 사실을 전해 주는 또 다른 심장의 고동이었다. 순간 뉴스 속, 대통령 후보가 괴한의 칼에 목을 다친 정치인의 피 묻은 얼굴이 스쳐 갔다. 삶과 죽음은 남의 이야기가 아니라 언제든 내 앞에 펼쳐질 어둠의 그림자였다. 그때부터 후들거리는 발걸음에 '별수없는 노인이다'라는 사실을 인식한 계기였다.

내 인생은 몇 차례 죽음의 문턱을 넘나들며 이어져 왔다. 첫 번째는 1981년 여름, 격포 용굴 앞바다였다. 위도를 향해 무모하게 맨몸으로 수영하다가 조류에 휩쓸려 암벽에 부딪치고, 피가 바닷물에 번지며 죽음을 직감했던 순간이 있었다. 두 번째는 헬기 사고였다. 1991년 가을 모시던 기관장과 함께 탔던 500MD 헬기가 상공에서 시속 250킬로 항속 도중 수리매와 충돌했다. 피범벅이 된 조종석, 요동치는 기체 안에서 나는 자녀들의 얼굴을 떠올리며 "이제 끝인가"라는 절망을 삼켜야 했다. 그 밖에도 계룡산 내리막길에서 차량이 전복되었다. 1979년 12월 12일 정치적 소요 속 총구를 마주했던 일, 심근경색으로 응급실에 실려 갔던 일… 삶과 죽음은 내게 여러 번 서로 다른 얼굴로 다가왔다.

그러나 죽음을 스쳐 간 기억만 있었던 것은 아니다. 어떤 날은 타인의 삶을 붙잡는 손이 되기도 했다. 1970년대 양수장에서 허우적대던 후배를 건져 올렸고, 한 여름 북한산 우이동 계곡에서 허우적대던 조카도 구해 냈다. 화염병이 날아들던 현장에서 전경과 시설을 보호한 적도 있었다. 내가 붙잡아 준 그 순간의 손길이, 지금 그들의 삶을 계속 이어주었으리라. 삶과 죽음은 언제나 공존하며, 우리는 서로의 경계 위에서 서로를 지탱한다.

로마의 신 야누스는 두 얼굴을 지녔다. 하나는 과거를, 또 하나는 미래를 본다. 그래서 한 해의 문턱, 1월은 야누스의 달이다. 나의 삶을 돌아보면, 죽음은 늘 끝이 아니라 또 다른 시작을 알리는 문이었다. 격포 수성당, 아래 용 굴에서 살아 나온 뒤 나는 생명의 소중함을 새삼 깨달았고, 헬기 사고 당시 가족의 소중함을 느껴졌다. 심근경색에서 회복된 이후, 손주들과 마주 앉아 웃을 수 있는 시간이 얼마나 값진지 비로소 알았다. 죽음은 삶을 위협하는 괴물이 아니라, 삶을 더욱 빛나게 비추는 그림자였는지도 모른다.

정치의 세계 또한 야누스의 얼굴을 닮았다. 겉으로는 충성을 다짐하면서도 뒤돌아서는 순간 등을 찌르는 이들이 있다. 줄리어스 시이저와 브루투스, 박정희 대통령과 김재규, 최근 윤석열 대통령과 한동

훈 관계는 야누스 두 얼굴의 표본이다. 정치뿐 아니라 인간 누구에게나 두 얼굴은 있다. 기쁨과 슬픔, 시작과 끝, 희망과 절망이 늘 함께 우리 속에 자리한다. 그것이 위선이라기보다 인간이 지닌 본래의 이중성일 것이다.

삶은 늘 경계 위에서 흔들린다. 그 경계는 문門처럼 열리기도 하고 닫히기도 한다. 로마의 신 야누스는 우리에게 묻는다. "너는 어느 얼굴로 살아갈 것인가?" 나는 답을 알지 못한다. 다만 오늘도 걷는다. 천변 징검다리 위를 조심스레 밟으며, 한 얼굴은 과거를 되돌아보고 다른 얼굴은 다가올 내일을 바라본다. 언젠가 죽음의 문을 열어야 할 순간이 오겠지만, 그 문 너머에는 삶의 또 다른 얼굴일지 모른다.

공감

사랑합니다, 아버지.

1980년 5월 18일, 광주에서 태어난 김소형 씨의 생일은 곧 아버지의 기일이 되었다. 전남 완도 수협에서 근무하던 아버지는 딸의 탄생 소식을 듣고 광주로 향했다가, 계엄군의 총칼 앞에서 스러졌다. 그날의 기쁨과 슬픔이 뒤섞여, 김소형 씨의 삶은 태생부터 비극과 맞닿아 있었다.

2017년, 5 · 18 기념식에서 김소형 씨는 아버지를 향한 편지를 낭독했다. "제가 태어나지 않았더라면, 아버지는 지금까지 행복하게 살고 계셨을 텐데…"라는 절규는 한 인간의 고통이자, 한 세대의 상흔이었다. 서러운 울음을 억누르지 못하는 그녀의 손과 목소리, 몸짓은 그대로 한 시대의 증언이 되었다. 낭독을 마치고 내려가는 그 순간, 대통령이 자리를 박차고 나와 그녀를 안아주었다. 무언의 포옹 속에서 많은 이들의 눈물이 터져 나왔다.

나 또한 그날, TV 화면 앞에서 눈물을 감출 수 없었다. 1980년대, 국가가 진실을 은폐하고 왜곡하던 시절이 떠올랐다. 6 · 29 선언이 있기까지, 신문과 방송은 광주의 진실을 '북한 간첩의 준동'으로 몰았다. 나는 전투경찰 복무 시절, 서울역에서 동대문까지 대로를 가득 메운 100만 군중의 함성을 광화문에서 직접 보았고 들었다. 서울 사대문 안에서는 벌떼 소리처럼 웅 웅 대던 그 함성은 억눌린 민심이 분출하는 생생한 진동이었다. 나와 입대 동기들은 대부분 진압대원으로 겪었던 현실을 언론은 왜곡했다.

정기 휴가 때 들었던 광주에서 민주화 사태를 목격했던 친구의 증언은 더욱 처참했다. 계엄군의 만행, 무고한 희생, 자발적 항쟁의 기억이 생생하다. 형사기동대원으로서 현장에서 수없이 들었던 민중가요 「오월 그날이 다시 오면」, 「임을 위한 행진곡」등이 있다. 당시 권력은 그 노래마저 '빨갱이 노래'라고 경원시했었다. 민주주의를 열망하는 노래조차 금지되던 시절, 진실을 향한 목소리는 그렇게 억압받았다.

그러나 역사는 결국 진실을 선택했다. 5 · 18을 폭동으로 매도하던 시대가 지나고, 시민들의 희생은 '민주화 운동'으로 바로 자리매김했다. 피와 눈물 위에 세워진 민주주의는 결코 쉽게 얻어진 선물이 아니었다.

김소형 씨의 생일은 여전히 아버지의 부재를 상기시키지만, 동시에 한 세대가 지켜낸 민주주의의 무게를 일깨운다. 그녀의 편지는 개인의 비극을 넘어, 이 땅에 사는 모든 이들의 각성을 촉구한다.

민주화 운동은 단지 역사적 사건이 아니라, 다시는 되풀이하지 말아야 할 비극적 사건이다. 권력은 언제든 폭력으로 변할 수 있고, 진실은 언제든 가려질 수 있다. 그러므로 우리는 기억해야 한다. 민주주의란 제도 이전에 인간의 존엄을 지키는 태도이며, 폭력과 독재를 거부하는 영원한 사색의 실천임을…….

선운사와 소금 단상

난생처음 단체로 스님 앞에서 합장했던 기억이 생생하다. 초등학교 수학여행 첫날, 애향단 등굣길에 부르던 군가를 합창하며 도시락을 들고 참당암에 도착했다. "오백 명의 병정들이 먹었다."라던 샘 위에 지은 참당 암자를 보고, 내려가는 길에 선운사 대웅전 앞마당에 섰다. 전나무 숲을 지난 입구에서 사천왕의 위엄에 압도되었다. 주지 스님은 도솔암과 석상암, 내장산과 내소사를 아우르는 선운사의 역사와 불교의 관할을 장황히 설명했다. 그러나 어린 시절의 눈은 큰 맥락보다 눈앞의 사물에 더 사로잡혔다. 대웅전의 높이, 사천왕의 눈빛, 붉게 피어 있던 동백꽃…. 세상을 바라보는 시선이란 늘 그렇듯, 그 나이에 붙잡히는 대상은 달랐다.

세월이 흘러 선운사를 다시 찾을 때마다 나는 그 풍경 속에서 새로운 의미를 읽어왔다. 부드러운 능선은 마치 여인의 품처럼 나직했고, 가을 단풍은 덧없는 청춘의 불꽃처럼 눈부셨다. 스님은 능선을 두고 "부드러운 여인의 가슴 같다."라고 한 말이 단순한 비유가 아니라, 아마도 첫사랑의 기억처럼 마음을 흔드는 은유였음을 이제야 알 것 같다.

선운사에는 소금에 관한 오래된 전설이 전해진다. 백제 시대, 도적 무리를 교화한 검단 선사가 그들에게 소금 굽는 법을 알려주어, 마침내 정착한 사람들이 생산한 소금을 '보은염'이라 불렀다고 한다. 바닷물을 끓여 만든 소금은 단순한 조미료가 아니라, 사람과 사람을 이어주는 생존의 끈이자 불가의 자비를 실현한 매개였다. 소금은 오래도록 국가 재정을 떠받친 전매품이었고, 생존의 기본 자원이었다.

해방전후, 소금공장을 운영한 아버지는 '군수 물자 확보'라는 명분의 가혹한 세금의 피해자다. 최고세율 50%의 현물 납부와 심지어 과거 생산량까지 소급 과세제도에 소금 공장을 헐값에 내놓았다. 그런 함정을 모르고 공장을 인수한 아버지는 순사에게 끌려가 죽도로 얻어맞고 시체로 버려졌다. 그러나 기적처럼 살아 돌아왔고, 우리 가족은 그 사실을 평생 역사로 기억한다. 아버지가 살아남았기에 내가 있었고, 그 고통의 기억 속에서 소금은 단순한 '조미료'가 아니라 '생존의 대가'였다.

소금은 권력의 상징이기도 했다. 인도에서는 영국의 소금세에 맞서 간디가 390km의 '소금 행진'을 벌였고, 수많은 인도인이 비폭력 저항의 물결에 합류했다. 소금은 작은 결정에 불과하지만, 인간의 몸과 공동체를 지탱하는 근원적인 자원이며, 동시에 권력이 삶을 억압하는 방식이기도 했다. 나의 아버지가 당한 고난은 세계사적 맥락 속에서도 결코 작은 이야기는 아니다.

세월이 흘러갈수록 나는 선운사를 자주 찾는다. 동구에 송악은 얽히고설킨 인간사의 상징 같았다. 송악이 바위를 휘감으며 살아가는 것처럼, 인간 역시 수많은 얽힘 속에서 삶을 이어간다. 그러나 상사화는 다르다. 잎과 꽃이 서로 만나지 못한 채 엇갈려 피고 지는 그 꽃은, 어쩌면 인간의 삶과 사랑, 그리움의 본질을 가장 잘 드러내는 은유일 것이다. 사랑은 늘 엇갈리고, 그리움은 늘 미완으로 남는다.

내 젊은 날 선운사에서 보았던 국화는 지금도 눈앞에 선하다. 꿀벌이 날아드는 그 국화 앞에서 나는 미당의 시 〈국화 옆에서〉를 읊조렸고, 또 다른 날엔 그의 〈자화상〉을 되뇌었다. "애비는 종 이었다."라는 첫 구절과, "병든 숫 캐 마냥 헐떡거리며 살았다."라는 마지막 구절은 아버지의 삶과 겹쳐졌다. 머슴살이로 시작해 소금공장을 인수했지만, 국가의 횡포 앞에서 속수무책이었던 아버지의 생애. 그 고단한 삶은 한 편의 시이자, 우리 집안의 역사였다.

지금 다시 생각해 본다. 소금 한 줌에도 역사가 스며 있고, 국화 한 송이에도 인간의 기쁨과 슬픔이 깃들어 있다. 선운사에 내려오는 '보은염'의 전설, 아버지의 아픈 소금의 기억, 미당의 시 속에 담긴 역사…. 이 모든 것이 얽혀서 결국 나의 삶을 형성했다.

그리고 스스로 묻는다. 인간에게 소금은 단순한 조미료인가, 아니면 생존의 본질인가. 사랑은 단순한 감정인가, 아니면 세대를 넘어 이어지는 힘인가. 삶은 단순한 생존인가, 아니면 자연과 더불어 존재를 묻는 길인가.

선운사 앞마당에서 국화꽃을 바라보며, 나는 생각했다. "삶과 죽음, 인간과 자연은 어떻게 서로 얽히고 이어지는가. 그리고 그 속에서 우리는 무엇을 추구하는 삶을 살아야 하나?"

닌빈에서

2024년 가을 닌빈을 갔다. 하롱베이의 축소판이라 불리는 이곳에서의 첫 경험은 작은 삼판배에 오르는 순간부터 시작되었다. 먼저 배에 오른 초등학생 모녀의 뒤를 따라 우리 부부가 올라서자, 배는 불안하게 흔들렸다. 뱃사공은 재빨리 중심에 앉으라 손짓했다. 긴장은 곧 풀렸고, 물살 위로 미끄러지듯 나아가는 배와 함께 그의 미소가 마음을 어루만졌다.

뱃사공의 얼굴은 햇볕에 그을려 검게 탔고, 주름은 깊었다. 그러나 가녀린 팔로 힘차게 노를 젓는 모습은 의연했다. 순간, 가정을 짊어지고 살아온 아내의 세월이 겹쳐졌다. 천여 척이 넘는 삼판배들이 줄지어 석양을 향해 나아가는 광경은 마치 전투에 나선 함선의 행렬 같았다. 작은 배와 장대한 자연이 어울려 한순간 시간을 영원처럼 멈추게 했다.

강 한가운데에서 뱃사공은 노를 멈추고 사진을 찍어주었다. 그의 얼굴에 맺힌 땀방울은 보석처럼 빛났고, 사진 속 풍경은 한 폭의 화폭 같았다. 이내 노를 건네받아 함께 저어보니 속도는 두 배로 빨라졌다. 그 순간, 우리는 손님이 아니라 그의 동지가 되었다.

닮은 듯 다른 풍경은 동굴 속에서 더욱 선명했다. 형형색색 조명이 비추는 바위틈을 아슬아슬하게 헤쳐 나가는 솜씨는 숙련된 장인의 춤사위와 같았다. 한 시간쯤 지나자 노 젓는 속도가 느려졌지만, 얼굴의 미소는 사라지지 않았다. 피곤조차 웃음으로 견뎌내는 그의 태도는 삶을 버티는 또 다른 방식이었다.

베트남은 오랜 전쟁의 상흔 속에서 여성들이 가정을 지켜낸 나라다. 그래서일까, 뱃사공들의 등에 땀을 배출하는 둥근 플라스틱 공기구멍은 그저 장치가 아니라 모계 사회의 상징처럼 보였다. 노동을 통해 생계를 이어가면서도 웃음을 잃지 않는 그들의 모습은 삶의 강인함을 보았다.

동행한 일행들의 배는 노래하고, 부딪치기도 하며 유쾌했다. 초등학생 아이는 손에 물집이 잡혔는데도 끝까지 노를 놓지 않았다. 작은 체구 뱃사공을 향한 연민이었다. 그 작은 마음이 어쩌면 삶의 진실을 가르치는 어른처럼 보였다.

밤이 찾아오자 후이린 호반 거리에 불빛이 켜졌다. 아오자이를 입은 청춘들의 웃음과 커피 향이 골목을 채웠다. 달콤하면서도 쌉싸래한 베트남 커피는 인생의 맛과도 같았다. 그러나 아름다움 뒤에는 태풍이 휩쓸고 간 상처가 여전히 남아 있었다. 쓰러진 간판과 뽑힌 나무, 깨진 유리창. 그럼에도 한가로이 풀을 뜯는 물소들의 모습은 평화로운 풍경이다. 자연은 상처를 안으면서도 묵묵히 자기 질서를 회복한다.

귀국길, 나는 생각했다. 베트남이 분단에서 통일을 이루고 재해를 딛고 성장하듯, 우리 역시 언젠가 분단의 강을 건널 수 있을까? 뱃사공의 미소가 다시 떠올랐다. 삶의 무게를 짊어지면서도 웃음을 잃지 않는 모습에서 인간의 위대함을 보았다. 그것은 권력도, 업적도 아닌, 묵묵히 오늘과거와 현재 미래를 살아가는 원동력이다.

삶은 결국 강 위의 작은 배다. 흔들리고 방향을 잃을 때도 있지만, 함께 노를 맞잡을 때 더 멀리 나아간다. 닌빈의 뱃사공은 내게 그것을 일깨워주었다. 여행 끝에서 나는 묻게 된다.

"삶에서 진정한 위대함이란 무엇인가. 전쟁은 상흔이 승계되듯 잘못 끼운 단추 같은 역사를 바로 잡을까."

그 질문의 답이 없는 베트남 여행은 끝나지 않았다.

(2025)

을사년 여행 단상

2025년 초, 나는 문득 을사오적의 이름을 검색했다. 교육부장관 이완용, 농상부장관 이근택, 외교부장관 박제순, 법무부장관 권중현, 내무부장관 이재곤. 120년 전, 이 땅의 통치권을 스스로 내어준 자들의 이름은 여전히 역사 속에서 서늘하게 남아 있다. 그리고 오늘, 내란과 계엄의 소용돌이 속에서 다섯 명의 장관이 파면되는 장면에서 역사가 반복된다는 사실 앞에 숙연해졌다. "대한독립만세"를 외치던 3.1 독립투사들의 통곡이 먼 메아리처럼 들려왔다.

연휴를 맞아 나는 기장 대변항을 찾았다. 십여 년 전에도 갔던 곳이지만, 그곳에 척화비가 서 있다는 사실은 최근에야 알았다. 원래는 항구 안쪽에 있던 비석이 일제 강점기에 바다 속에 수장되었다가 해방 후 건져 올려, 지금은 초등학교 앞에 세워져 있다. 아이러니하게도 '대변'이라는 지명을 딴 초등학교는 이름 때문에 놀림을 받아 지금은 '용암초등학교'로 개명되었다. 역사적 상처와 일상의 소소한 사연이 겹쳐 묘한 감정이 들었다.

숙소 근처에는 얼마 전 대형 화재로 일곱 명이 숨진 리조트 건물이 흉물처럼 남아 있었다. 지하 3층, 지상 12층 규모의 대규모 리조트 여러동이 불에 그을린 채 방치되어 있었고, 그 속에서 임금 체불과 하청업체의 고통스런 프랭카드만 펄럭였다. 관광지의 화려한 겉모습 뒤에, 수많은 노동자의 땀과 눈물이 있다는 사실을 외면하기 어려웠다.

여행은 맛으로도 기억된다. 영덕대게, 멸치 짜글이, 짚불 꼼장어. 기장의 바다와 땅이 길러낸 음식들은 입안에서 바다와 들판의 기운을 전해주었다. 그러나 풍요 속에서도 불타버린 리조트 현장이 자꾸만 아른거렸다.

거가대교를 건너 거제도에 들어섰다. 바다를 가로지른 다리와 해저터널은 기술의 승리요, 토목의 장엄함이었으나, 나는 오히려 과거의 상처를 찾았다. 임진왜란과 정유재란 동안 왜군이 쌓았던 30여 개의 왜성, 그 중 장문포 왜성의 흔적을 찾아 비포장 길을 오를 때였다. 높은 언덕에 남은 성곽과 망루의 잔해를 보며 생각했다. 저 돌 하나하나가 백성들의 고통이었다. 피와 땀, 굶주림과 눈물이 쌓여 이룬 흔적이었다. “역사를 기억하지 못한 민족에게 미래는 없다”는 말이 떠올랐다.

왜성의 돌무더기 위에서 나는 일제 강점기의 땅굴과 전쟁 동원, 그리고 20세기 무역전쟁의 기억까지 함께 겹쳐 떠올렸다. 역사는 다른 얼굴로 되풀이된다. 친일파를 단죄하지 못한 나쁜 결과가 지금도 남아 있는 현실에서, 그 무게는 더욱 크게 다가왔다.

거제도에서는 두 대통령의 생가도 찾았다. 하의도의 김대중 대통령 생가에 이어, 거제도의 김영삼 대통령 생가를 방문했다. 김대중 생가의 고요한 마당과 달리, 김영삼 생가 주차장에는 버스가 빼곡히 들어차 있었다. 정치인의 삶과 죽음, 그리고 그것을 기념하는 방식은 이렇게도 다를 수 있음을 느꼈다. 북녘에서 내려온 실향 가족 대통령 생가는 폐가 그대로였다. 어떤 독재자의 기념 공원은 수천억 원 들여 세우는데 폐가로 방치되는 현실, 불균형한 기억법이다.

거제 포로수용소를 돌아보면서 나는 간절히 빌었다. 다시는 이 땅에 전쟁이 없기를. 힘없는 나라의 백년대계는 결국 통일된 국가의 국력에서 비롯된다는 진리를, 폐허가 된 수용소와 사라져 가는 왜성 터가 묵묵히 증언하고 있었다.

이번 여행은 단순한 나들이가 아니었다. 곳곳에서 나는 역사의 잔해와 맞닥뜨렸고, 그 앞에서 오늘을 성찰하지 않을 수 없었다. 척화비, 불탄 리조트, 왜성의 돌, 지도자 생가의 보존 방법은 모두 다른 얼굴로 나에게 묻고 있다.

“우리는 과거의 잘못을 얼마나 똑똑히 기억하며, 그것을 어떻게 바꿀 수 있을까.”

그 질문을 품고 돌아오는 길, 을사년의 기억은 더 이상 옛 기록이 아니었다. 그것은 여전히 120년 전 과거와 현재를 연결하고 흔드는 질문이자, 내일을 향한 고민이다.

영화 〈서울의 봄〉과 겨울계엄

1. 영화가 흔들어 깨운 기억

〈서울의 봄〉을 본 날, 나는 극장이 아니라 마치 44년 전의 중앙청 광장 한복판에 되돌아가 선 착각에 빠졌다. 관객들은 배우들의 연기에 숨을 죽이며 긴장했을지 모르지만, 내게는 그 장면 하나하나가 단순한 '재현'이 아니라 '기억'이었다. 스크린 속 탱크가 서서히 카메라 앞으로 다가올 때, 나는 본능적으로 어깨를 움츠렸다. 캐터 필터의 육중한 굉음이 아스팔트 바닥을 차고 다가오던 소리에 심장이 덜컥 내려앉았던 당시의 생생한 기억이 다가왔다. 금속 장갑이 부딪히는 소리, 요란하게 울리던 전화기와 인터폰, 경비 전화가 동시에 울렸다. 무전기 잡음을 뚫고 들어오는 명령의 목소리는 나를 다시 1979년 12월의 추위 속 자정을 넘어선 시간 속으로 끌고 갔다.

그날 밤, 나는 중앙청 경비대 소속 전투 경찰로 광화 서문 근무자였다. 자정 무렵, 차가운 겨울 공기 속에서 철문 앞 보초를 서던 내 눈앞으로 한 대의 탱크가 나타났다. 해치가 덜컥 열리고 군인이 고개를 내밀었다. 그의 목소리는 단호했다.

"철문 열어."

나는 인터폰을 통하여 치안 본부 지시를 받았다. "절대로 문을 열지 말라"는 지시였다. 하지만 불과 몇 분 뒤, 다시 다른 명령이 하달되었다. 이미 철문을 타고 넘어 들어와서 강제로 철문을 개방하고 탱크가 중앙청 경내로 이미 들어온 시간대에 "철물을 열어주라."라던 상반된 지시가 뒤엉키던 그 순간은 내 삶에서 가장 길고도 짧은 시간이 되었다.

내 손에 쥔 것은 카빈총. 탄창에는 공포탄 여섯 발뿐이었다. 눈앞의 탱크를 막을 수 없는 무력한 총기였다. 탱크의 궤도가 바닥을 긁으며 내 쪽으로 밀려올 때, 발끝이 얼어붙고, 숨이 턱 막혔다. 그날 밤 나는 진정한 의미의 무력감을 처음으로 느꼈다. 국가 권력이 한 인간을 얼마나 쉽게 무너뜨릴 수 있는지를, 그 몸서리치는 방식으로 깨달았다.

아내는 영화관에서 내 손을 꼭 잡았지만, 나는 손끝까지 차갑게 굳어졌던 당시의 추운 기억이 떠올랐다. 그날 밤 내게 겨누었던 탱크의 포신과, 기관단총 포신의 싸늘한 한기와 죽음의 공포가 다시 살아났기 때문이다. 영화가 끝난 뒤에도 나는 한참 동안 자리에 앉아 눈을 감고 있었다. 아내가 조심스레 속삭였다.

"어떻게 이런 일이 가능했을까?"

나는 대답하지 못했다. 다만 속으로 말했다.

"그날, 우리는 계엄군 총구 앞에서 아무것도 할 수 없었어."

〈서울의 봄〉은 그렇게 과거의 기억과 현재의 분노를 동시에 끌어올린다.

2. 1970년대, 독재의 긴 그림자

영화가 다루는 시기는 대한민국 현대사의 가장 격동적인 순간이었다. 1970년대는 박정희 정권이 유신헌법으로 권력을 장악하고 국민을 철저히 통제하던 시대였다. 그는 스스로를 '근대화의 아버지'라 불렀지만, 그 이면에는 정치적 자유와 민주주의의 철저한 말살이 있었다.

긴급조치 9호가 발동되자 대학가는 경찰의 감시 속에 숨죽었고, 반대 세력은 고문과 투옥을 피할 수 없었다. 김대중 납치 사건, 언론 검열, 종교인과 지식인에 대한 탄압은 일상이 되었다. 국민은 침묵을 강요당했고, 침묵은 곧 생존의 조건이었다.

그러나 1979년 10월 26일, 권력의 중심에 균열이 생겼다. 대통령이 심복 김재규의 총탄에 궁정동 안가에서 쓰러지자, 국민은 잠시나마 새로운 희망을 보았다. 신문 지면을 가득 채운 단어는 "서울의 봄"이었다. 김대중 · 김영삼 · 김종필, 이른바 '3김 시대'가 열리리라는 기대가 나라 전체를 감쌌다.

하지만 그 희망은 채 한 달도 가지 못했다. 12월 12일, 전두환과 하나회 세력의 군사 반란이 일어났다. 수도 서울은 삽시간에 군사력에 장악되었고, 합법적 명령 체계는 무너졌다. 언론은 이미 군부의 손아귀에 들어가 있었고, 국민은 "북한 소행"이라는 왜곡된 방송을 그대로 받아들여야 했다. 나 역시 현장에서 신군부의 통제를 받은 중앙청 본관 4층에서 새벽마다 던져준 보도 지침을 직접 읽어 보았기 때문이다. 중앙지 신문 기사는 보도 지침 사진까지 그대로 실렸다.

김성수 감독은 이 시간을 단순한 액션 서사로 포장하지 않았다. 그는 불안한 무전 교신, 엇갈린 명령, 차갑게 번뜩이는 병사들의 눈빛으로 관객을 당시의 긴장 속으로 끌어들인다. 스크린의 스릴은 단순한 오락적 긴장이 아니라, 국가가 국민을 배반하는 순간의 참혹한 실감이었다.

3. 영화적 재현과 세대 간의 대화

〈서울의 봄〉의 진정한 힘은 세대 간의 간극을 메운다는 데 있다. 나처럼 그 시절을 직접 겪은 사람에게는 묻어두었던 기억을 끌어낸 증언을 하고 젊은 세대에게는 처음 마주하는 역사 교과서가 된다. 아내는 영화를 보고 난 뒤에 물었다. “당신이 겪은 게 이런 거였어?” 아내의 물음에 나는 고개만 끄덕였다. 그런 사실을 모르는 자녀들에게 영화의 줄거리를 말하자 그들이 대답했다.

“아빠, 우리 교과서에는 이런 얘기 거의 없었어요. 왜 우리는 이걸 몰랐을까요?” 나는 잠시 말문이 막혔다. 부끄러움이 몰려왔다. 내 세대가 진실을 온전히 전하지 못했기 때문이다.

“아마도 누군가 의도적으로 지우려 했기 때문일 거다. 하지만 기억은 사라지지 않아. 우리가 이렇게 다시 얘기하는 게 그 증거다.”

극장을 나서며 젊은 관객들이 “왜 이런 일을 이제야 알게 되었을까"라며 고개를 흔드는 모습을 나는 여러 번 보았다. 그들의 충격과 분노는 단순히 과거를 향한 것이 아니었다. 그것은 현재를 향한 질문이었다.

"만약 지금도 권력이 국민을 배신한다면, 우리는 어떻게 해야 할까?"

4. 2024년 겨울 계엄과 끝나지 않은 1979년 그림자

영화가 개봉된 직후, 천만이 넘는 관객이 극장을 찾았다. 이는 단순한 흥행 기록이 아니었다. 사회 곳곳에서 이 영화가 촉발한 대화가 이어졌다. 광화문 광장에서는 자발적으로 상영 뒤 토론 모임이 열렸고, SNS에는 "우리가 잊지 말아야 할 진실"이라는 해시태그가 퍼졌다. 젊은 세대는 영화를 단순히 '옛날이야기'로 보지 않았다. 그들은 지금 이 시대에 민주주의를 어떻게 지켜야 하느냐는 질문을 자신들의 언어로 던졌다.

그 질문은 2024년 12월 3일, 현실 속에서 또다시 되살아났다. 그날 밤, TV 화면 속 자막에 뜬 단어는 "계엄령." 여의도 국회 상공에는 헬리콥터가 떠 있었다. 처음에는 가짜 뉴스라 생각했지만, 화면을 가득 메운 병력의 모습은 부인할 수 없는 현실이었다.

나는 육십 후반의 나이에 과거 역사의 무게를 마주했다. 젊은 시절, 5 · 16 군사쿠데타를 교과서에서 배우고, 청년 시절 12 · 12 군사반란을 몸소 겪었으며, 노년에 또다시 12 · 3 군사 반란 실황을 목격한 것이다.

그러나 이번은 과거와 달랐다. 국회를 지키려는 정치인들의 단호한 목소리, 군 내부에서조차 반란 명령을 거부한 지휘관들, 그리고 빈손으로 광장에 모여든 시민들의 분노가 역사의 흐름을 바꿔놓았다. 만약 그들의 선택이 없었다면, 우리는 또 한 번 민주주의의 시계를 거꾸로 돌렸을 것이다.

나는 결코 잊지 못한다. 1979년 겨울, 여성 장관이 총부리에 몰려 중앙청과 종합청사로 연결된 지하보도로 끌려가던 장면을. 반란군이 우리 내무반까지 장악해 화장실 가던 대원들 한 명 한 명에게 총구를 들이대고 따라다니던 그 악몽의 기억이 생생하다. 반란에 성공한 신군부는 반란의 주모자 장성들과 경회루 누각에서 육군 군악대 연주 속에 호화로운 '축하 잔치'를 2층 내무반에 모두 지켜보았다. 문화공보부 뒤편, 문화재 안에서 벌인 그들은 성공한 쿠데타를 '혁명'이라 부르는 데서 극명히 드러났다.

역사는 반복된다. 2024년 12월의 계엄 반란, 그러나 이번에는 달랐다. 국민과 정치인, 군인 일부가 막아냈다. 나는 TV 앞에서 절망보다 안도에 가까운 감정을 느꼈다. "이번에는 지켜냈구나."

5. 민주주의는 어떻게 지켜지는가?

겨울밤 광화문을 지키던 젊은 병사의 눈에 비친 탱크의 총구, 그리고 45년 뒤 TV 화면 속 헬리콥터의 그림자. 두 장면은 서로를 비추는 거울 같았다. 그 동안 흘러간 시간은 나의 삶이었고, 이 땅의 민주주의였다.

민주주의는 헌법 조문 속 활자가 아니라, 누군가의 희생 위에서 지켜내려는 의지 속에 살아남는다. 1979년의 나는 공포탄만 든 총을 쥐고 철문 앞에 서 있었다. 무력했고 두려웠다. 그러나 2024년의 국민은 빈손으로도 역사를 지켜냈다.

진짜 영웅은 반란에 동조하지 않은 군인, 계엄에 반대한 정치인, 그리고 거리에서 영하의 혹한에서 피눈물로 민주주의를 지켜낸 시민들이었다.

〈서울의 봄〉은 단순한 과거 회고가 아니다. 그것은 오늘과 내일을 향한 경고다. 우리에게 다시 묻는다.

"당신은 침묵할 것인가, 아니면 기억할 것인가?"

나는 대답한다.

"기억하겠다. 그리고 참지 않겠다."

제6부

글쓰기는 ‘선’이다

독서와 글쓰기는 '선'이다

독서는 단순한 취미가 아니다. 그것은 정신의 수양이자, 과거와 현재, 미래를 잇는 다리다. 학창 시절의 고전 읽기 대회에서 길러진 습관은 세월이 흘러도 내 삶의 근육과 뼈대를 지탱해 왔다. 내가 읽은 고전과 타인의 삶과 세계를 비춰주는 거울이었고, 그 거울 앞에서 나는 겸허함과 용기를 동시에 배웠다.

글쓰기는 독서에서 한 걸음 더 나아간 창조 행위다. 프로메테우스가 불을 건네주듯, 인류는 문자를 통해 세계를 기록하고 미래를 예언할 힘을 얻었다. 글은 기억을 남기고, 세상을 바꾸는 창조적 도구다.

코로나19는 우리에게 글과 독서의 가치를 새삼 일깨웠다. 고립과 단절의 시간을 지나면서, 많은 이들이 책을 읽고 글을 썼다. 가족과 함께하는 시간이 늘어나 이혼이나 가출 같은 사회 문제도 줄었다. 사회학자들은 이를 "사색의 시간 증가"라 진단한다. 자기실현의 단계에서 독서와 글쓰기는 중요한 수단임을 보여주는 사례다.

문제는 지도자들이다. 21세기를 인문학의 시대라 부르지만, 여전히 지구촌 곳곳에서는 무역전쟁이 벌어진다. 살상이 전제된 전쟁은 권력을 쥔 이들이 인문학적 성찰을 결여했기 때문이다. 독서와 글쓰기를 통해 쌓을 수 있는 지혜 없는 권력은 파괴로 어어 진다.

인간은 피부와 언어는 달라도, 독서와 글쓰기가 지향하는 본질은 같다. 그것은 '선善'이다. 인류가 존재하는 이유는, 결국 선을 향해 나아가기 위해서다. 책장을 넘기고 펜을 드는 행위 속에 우리는 선한 인간이 되고자 애쓴다. 그 길이야말로 인류의 최종 목표일 것이다.

학鶴의 꿈

김학 선생님과의 인연은 기전여고 학교운영위원으로 같이 활동으로 알게되었다. 20여 년 전, 취향정에서 열린 수필집 「간이역」 출판 기념식에서였다. 당시 KBS 편성국장이던 저자에게 직접 사인을 받은 책은 내 생애 첫 사인본이다. 그 순간의 감동은 강렬했다. 언젠가 나도 출판 기념식을 열고 싶다는 꿈을 가슴속에 품게 된 계기였다.

은퇴 후 무엇을 할 것인가 고민하던 차, 2015년 신문 광고를 보고 신아 문예대학에 등록했다. 수감 7년째, 김학 교수님의 부음을 들었다. 믿기 어려운 소식 앞에서, 삶이 던지는 우연과 필연의 무게를 절감했다.

교수님은 늘 "칭찬의 힘"과 "불광불급不狂不及"을 강조하셨다. 제자가 미쳐야 글을 쓸 수 있다는 그 말씀은, 시들해지던 나의 문학적 꿈을 되살려 준 마중물이었다. 목요일마다 이어지던 수업에서 교수님의 격려는 작은 희망의 불씨를 꺼뜨리지 않았다. 결국 교수님 추천으로 작가의 꿈을 이루게 되었다.

돌이켜보면, 문학은 내게 오래된 숙원이자 짐이었다. 1980년대 직장인으로 참가한 전라예술제에서 장려상과 장원을 수상했을 때, 국문학 교수님들의 칭찬은 감당하기 어려울 만큼 과분했지만 동시에 문학의 길을 버리지 못하게 한 족쇄이기도 했다. 그러나 그 족쇄가 있었기에 오늘까지 글을 붙들고 살아왔다.

세월은 빠르게 흘렀다. 3년 전 나는 죽음의 문턱에서 가까스로 돌아왔다. 예수병원에서 생을 마친 가수 배호와 달리 병상에서 살아남아 「아버지의 뒷모습」이라는 수필집을 출간하여 삶의 흔적을 남겼다. 그러나 아직도 이루지 못한 꿈이 많다. 학창 시절 탐독했던 월탄 박종화의 「금삼의 피」처럼 큰 울림을 주는 작품을 쓰고 싶고, 문학으로 사람들의 가슴에 불타는 씨앗을 남기고 싶다.

안타깝게도 그 길을 응원해 주던 은사들은 이제 세상에 없다. 신춘문예에 당선되었던 고영규 시인은 요절했고 김학 교수님과 더불어 허형석 교수님까지 한 달 간격으로 소천하셨다. 그러나 "한 알의 밀이 떨어져 죽으면 많은 열매를 맺느니라."라는 말씀처럼, 그분들의 칭찬은 민들레 홀씨처럼 내 가슴속에 살아 있다.

삶은 유한하다. 그러나 칭찬과 격려는 남아 있는 자들을 춤추게 한다. 선생님의 말씀처럼 칭찬은 자양분이 되어 꽃을 피우고, 그 꽃은 다시 열매로 이이진다.

학처럼 고고하게 살다 가신 스승을 그리워하며, 나는 오늘도 꿈을 키운다. 호시우보虎視牛步의 자세로, 한 걸음 한 걸음 천천히 그러나 굳건히 내 길을 걸어갈 것이다. 그 길 위에서 나는 여전히, 학鶴의 꿈을 꾸고 있다.

벽오동 심은 뜻은

벽오동 아래 선 수탉은 머리를 곧추세운 채 하늘을 우러르고 있었다. 화가는 그 수탉을 '봉황'이라 불렀다. 처음 그림을 보았을 때 나는 그 깊은 뜻을 헤아리지 못했다. 솔직히 말하면, 그저 떨어질 먹이를 기다리는 암탉인 줄로 알았다. 미술에 문외한인 내겐 고흐나 뭉크, 피카소나 클림트의 그림도 쉽게 다가오지 않는다. 프랑스와 영국, 이탈리아와 호주등 유명 미술관 전시실에서 풍만한 조각상과 유화 앞에서 오래 머무른다고 아내에게 핀잔도 들었다.

〈벽오동 심은 뜻은〉. 친구가 내게 선물한 그림의 제목이다. 서재에 걸어두고 매일 바라보다 보니 못 보던 다른 면이 보인다. 단순한 수묵 같았던 화면에 녹색과 붉은색, 검은색의 조화도 알게 되었다. 십여 년 전, 무형문화재 이기동 선생께 부탁해 받은 합죽선에도 친구는 그림을 그려주었다. 미대 출신은 붓만 잡으면 아무 그림이나 그릴 수 있는 줄 알았다. 그러나 몇 주 뒤에야 돌려받은 합죽선에는 간결하면서도 깊이를 담은 묵색의 조화가 있었다. 단순한 붓질이 아니라, 사색의 호흡이 쌓여 이루어진 선물임을 그제야 알았다.

눈 내리던 겨울날, 친구가 가져온 족자에는 "이준구 님을 위해 2021년 좋은 날 삼산三山을 그리다."라고 적혀있다. 박사논문 심사 차 내려온 길에 가져온 작품은 단순한 그림이 아니라, 반세기 인연의 깊이가 담긴 마음의 기록이었다. 그림을 받고 나서 고민에 잠겼다. 조카 결혼 예물로 줄까 말까, 아니면 오래 간직할까. 결국 벽오동 그림의 상징을 찾아보았다. "태평성대를 기원하며 심는 나무, 봉황을 불러들이는 나무가 벽오동"이었다. 그 순간 아버지의 말씀이 떠올랐다. "딸을 낳으면 오동이나 쭉나무를 심고, 아들을 낳으면 대나무를 심는다."

어린 시절, 우리 집 텃밭 경계에는 쭉나무가 여러 그루 서 있었다. 새마을 도로 확장 공사로 잘려 나갈 때, 도끼 자국에 드러난 붉은 속살을 바라보시며 깊은 한숨을 내쉬던 아버지의 모습이 지금도 눈에 선하다. 나무와 함께 세월은 그렇게 잘려 나가고 또 이어지나 보다.

선조들은 벽오동과 대나무를 심으며 더 평안한 세상, 더 나은 미래를 기다렸다. 봉황은 오직 오동의 열매와 대나무 열매만을 먹는다 하지 않던가? 그 기다림 속에는 세속을 초월한 이상향이 배어 있다. 친구가 그린 봉황은, 어쩌면 유능한 지도자를 기다리는 상징이었을지 모른다. 그러나 그림 앞에 선 나는 달리 생각한다. 봉황이 아니라 수탉일지라도 괜찮다. 그 기다림은 화려한 권력이나 세속의 성공이 아니라, 오직 자녀들의 평안과 행복이기 때문이다.

벽오동 가지를 올려다보는 수탉처럼, 나 또한 묵묵히 기다린다.

세상이 흔들려도, 전쟁과 탐욕의 소식이 뉴스를 가득 채워도, 부모의 기다림은 변하지 않는다. 아이들이 웃으며 살아갈 수 있는 세상, 그 단순하면서도 간절한 소망이 바로 나의 봉황이고, 나의 벽오동이다.

(2022)

한국처럼 위대하게

내 인생 여정의 시작은 생生이었고 끝은 언젠가 다가올 사死일 것이다. 젊은 날에는 그저 먼 이야기로만 여겨졌던 죽음이, 이제는 뉴스 한 줄에서도 가까이 다가옴을 느낀다. 하루에도 수백 명이 세상을 떠났다는 소식이 흘러나온다. 작은 시골 마을 하나가 순식간에 사라져 버린 듯한 참혹한 현실이다. 코로나라는 이름의 바이러스는 그렇게 우리 삶을 뒤흔들어 놓았다.

나는 그때를 또렷이 기억한다. 미국의 한 유명 방송인이 라디오에서 이렇게 말했다.

"미국을 한국처럼 위대하게."

이 말에 가슴이 뭉클했다. 한국이, 내가 살아가는 이 땅이 세계의 귀감으로 불리고 있다는 사실이 믿기지 않았다.

내가 젊던 시절 알게 된 유럽의 페스트나 콜레라 이야기는 그저 역사책 속의 기록이었다. 그러나 21세기에도 여전히 전염병은 인간의 무력함을 드러냈다. 장례식조차 치르지 못하고 불 속으로 사라져 간 이름 없는 이들의 마지막 길을 생각하면 도대체 인간의 존엄이란 무엇일까?

특히 요양병원과 요양원에서 쓰러져 간 노인들의 이야기는 내게 남의 일 같지 않았다. 나 또한 기저 질환을 지닌 몸이요, 노모님 또한 병상에 계시니 말이다. 우리는 태어날 때 축복 속에 태어나지만, 마지막 순간만큼은 존엄과 사랑 속에서 떠나야 한다. 그러나 그 소중한 의식조차 빼앗긴 죽음에서 나는 깊은 슬픔을 느낀다.

돌아보면, 한국이 보여준 방역의 힘은 단순히 기술의 성취가 아니다. 서로를 배려하고 공동체를 우선한 시민들의 마음이었다. 어려운 시절, 마스크 하나를 나누고 서로의 거리를 지켜주던 그 모습 속에서 나는 이 땅이 지닌 힘을 새삼 느꼈다.

나는 문득 옛사람들의 풍습을 떠올린다. 부모의 죽음을 애도하며 삼 년 동안 묘 옆에 상주하던 '시묘살이'. 죽은 이를 향한 그 깊은 공경심은 결국 오늘날 우리가 지켜낸 공동체적 마음과 맞닿아 있다. 한국의 위대함은 바로 이런 데서 비롯되는 것이 아닐까?

세월이 흐르며 나는 "위대하다"라는 말의 참된 뜻을 곱씹는다. 그것은 단순히 국력이 강한 나라, 부유한 사회를 의미하지 않는다. 마지막 순간에도 서로의 존엄을 지켜주고, 고통의 시절에 서로를 보듬는 마음, 바로 그곳에서 위대함은 피어난다. 그래서 나는 이제 조용히 스스로에게 묻는다.

"위대함이란 무엇인가?"

한국이 보여준 길은 답을 속삭인다. 위대함은 힘이 아니라 마음에서, 승리가 아니라 연민에서, 그리고 나 혼자가 아닌 '우리'라는 이름에서 비롯된다는 것을…….

(2020)

호반오리

아침마다 덕진공원을 산책하는 일은 어느새 내 일상이 되었다. 아내를 출근시킨 뒤 남은 시간, 나는 고요한 덕진 연못 둘레를 한 바퀴 돈다. 몇 해를 그렇게 걷다 보니, 연못에 보금자리를 튼 오리 가족들의 사계절을 함께 지켜보게 되었다. 어느새 나는 그들의 울음소리와 발자취까지 알아듣는 이웃이 되었다. 어미를 따라 힘겹게 물갈퀴를 젓는 새끼를 향해 건네는 어미 오리의 격려는, 나에겐 아침마다 듣는 잔잔한 교향곡이었다.

어린 시절의 기억도 떠오른다. 초등학교 때, 숙부가 보여주신 청둥오리의 잘린 다리. 아킬레스 힘줄을 잡아당기면 발바닥이 오묘하게 움직이던 모습은 신기하기만 했다. 그때는 그저 장난감처럼 생각했지만, 지금 돌이켜보니 그 물갈퀴야말로 오리가 살아가는 데 가장 중요한 생명의 도구였다. 단단한 힘줄과 물갈퀴, 그리고 날개의 협업으로 물 위를 뒤뚱거리며 걸어가던 모습은 귀엽기 그지없었다. 오리의 삶은 그렇게 질긴 생존의 끈과 사랑스러운 유영의 몸짓이 함께 엮여 있다.

연못의 계절도 오리의 삶과 맞물려 흘러간다. 매서운 겨울을 견뎌낸 연잎이 돋아날 즈음, 원앙처럼 짝을 지어 다니던 오리 부부는 새 생명을 품는다. 풀숲에 몸을 낮춘 어미는 외부의 침입자를 경계하며 새끼들을 품고, 아버지 오리는 가족과 떨어진 곳에서 보초를 선다. 그들의 세상은 작은 물결 위에서 치열하고도 단단했다. 낯선 사람이 다가서면 아버지 오리는 날개를 퍼덕이며 위협했고, 새끼들은 잽싸게 물속으로 몸을 피신한다. 위협이 사라지면 그는 다시 가족 곁으로 돌아와 고요히 자리를 지킨다. 경계와 보호, 사랑과 헌신이 그 작은 물갈퀴 속에 있었다.

새끼 오리들은 하루가 다르게 자라났다. 단오가 지나 연꽃대가 솟아날 즈음이면 수영 솜씨는 제법 빨라진다. 그러나 그 많은 새끼가 세월이 흐를수록 줄어드는 모습은 안타까움으로 다가온다. 포식자의 그림자, 무리에서 이탈된 낙오자… 자연의 질서 앞에서 살아남는 것은 언제나 일부였다. 연못은 새 생명의 터전이자, 동시에 냉엄한 생존의 무대였다.

나는 매년 같은 자리에서 새끼들의 숫자를 헤아리는 버릇이 생겼다. 열 여덟에서 열 둘, 그리고 여덟. 연꽃이 시들 무렵이면 그 수는 또다시 줄어든다. 그 빈자리마다 나는 삶과 죽음의 이치를 배운다. 살아남은 이들은 여름 햇살 아래 깃털을 다듬고, 서로를 의지하며 햇볕 속에 깃든다. 아버지 오리는 여전히 가족 곁을 떨어져 지키고, 어미는 가장자리에 올라 어린 것들을 보살핀다. 그들의 평화로운 모습은 내 마음을 오래 붙든다.

세월이 흐를수록 나는 오리 가족들과 가까워졌다. 처음엔 경계하던 그들도, 반복되는 나의 발걸음 속에서 경계심을 누그러뜨렸다. 어느새 카메라를 들이대도 한 걸음씩 물러서지 않았다. 서로서로 일상이 된 셈이다.

덕진 연못의 오리 가족은 매년 새로운 생명을 품는다. 그러나 모든 생명이 끝내 살아남는 것은 아니다. 그것이 자연의 섭리요, 삶의 본질일 터. 가을이 지나고 겨울이 오면 연못은 다시 고요히 얼어붙고, 그 위에서 또 다른 계절의 기다림이 시작된다.

나는 오늘도 연못을 거닐며 그들의 뒤뚱거리는 발걸음과 유영을 지켜본다. 오리의 삶을 통해 배운다. 생명은 질긴 끈처럼 이어지고, 그 끈은 사랑과 보호, 그리고 끝내 흩어져 가는 이별까지 품고 있다는 것을. 결국, 우리 삶도 다르지 않음을 오리들은 조용히 일러준다.

사라진 시간

집 안을 둘러보면 시계가 넘쳐난다. 벽에 걸린 괘종시계, 탁자 위의 전자시계, 손목에 차는 시계, 전자 밥솥의 작은 화면, 그리고 주머니 속의 휴대전화까지, 시계 아닌 것이 없다. 눈길이 닿는 곳마다 똑딱거리며 흐르는 시간이 보이고, 들린다. 그러나 그 많은 시계 중에서도 내 마음속에 가장 깊게 남아 있는 시계는 단 하나다. 해마다 광복절 즈음이면 더욱 또렷이 떠오르는, 청소년기에 처음으로 손목에 찼던 시티즌 시계, 여전히 내 가슴 속에서는 똑딱거리며 살아 있다.

내가 어린 시절, 집집마다 걸려 있던 것은 괘종시계였다. 시간은 라디오 전파나 멀리 염전의 오포소리로 시간을 가늠했다. 동요 속 “시계는 아침부터 똑딱똑딱”이라는 가사처럼, 우리 삶은 시계 소리에 맞추어 움직였다. 시간이란 곧 삶의 질서이자 리듬이었다. 지금 와서 생각해보면, 인생도 시계와 다르지 않다. 나이를 먹으면 늙어가고, 늙어가는 중에는 고장이 나기도 하고, 고쳐지지 않으면 버려진다. 어른들이 노래방에서 부르는 〈고장 난 벽시계〉가 그래서 더 애잔하게 다가오는지도 모른다.

내가 중학교에 입학하던 해, 아버지는 내 손목에 생애 첫 시계를 채워주셨다. 벼를 팔아 해리 시내 시계방으로 함께 갔다. 내가 고른 것은 은빛 시티즌 시계였다. 지금 같으면 흔한 물건이지만, 당시에는 고급 사치품이자 귀한 물건이었다. 버스 요금 15원 시절, 1만 원이 넘는 고가였다. 여름 반팔 소매에 반짝이던 그 시계는 야광 기능까지 있어 더없이 든든했다. 시침과 분침이 어둠 속에서도 똑똑히 빛나며 나를 지켜주는 듯했다.

하지만 그 소중한 시계는 오래 함께하지 못했다. 1974년 8월 15일, 광복절이었다. 동호 해수욕장에서 열린 KBS 라디오 공개방송을 구경하러 갔다. 바닷물에 몸을 담그고 나와 샤워실로 들어갔다가 나오니 교복 바지 속 시계가 사라졌다. 그날 텔레비전에서는 육영수 여사의 서거 소식이 흘러나왔다. 화면 속에서 울던 사람들의 모습과 내 손목의 허전함이 겹쳐 끝없이 눈물을 흘렸다. 집으로 들어가 아버지께 말하고 울었다. 아버지는 축 처진 내 어깨를 두드리며 "공부나 잘하라" 하셨다. 그 위로가 더 서러워, 어린 마음에 눈물이 더 많이 솟구쳤다.

그 뒤로 결혼 전까지 내 손목에 시계는 없었다. 결혼 예물로 받았던 시계의 행방도 모른다. 청와대 문양이 새겨진 기념 시계도 있었지만, 많은 시계의 중요성은 줄어들었다. 세월이 흐르면서 시계는 더 이상 귀한 물건이 아니다. 값비싼 스위스 시계보다 값싼 전자시계가 더 편리한 시대가 되었고, 대통령 탄핵으로 권한대행이 제작한 기념

시계까지 흔하디흔하다. 한때는 사치품이었던 시계가 어느새 홍보 물품으로 전락했다.

지금 내 서랍 속에는 여러 개의 시계가 있다. 사위가 사준 시계, 북한에서 제작된 바른손 시계, 도청 로비에서 헐값에 산 시계까지. 가격은 다르지만, 모두 똑딱거리며 같은 시간을 가리킨다. 값비싼 시계든 싼 시계든, 시곗바늘은 동일한 속도로 끝없이 돌아간다. 그러나 세상 어떤 시계도 내 첫 시티즌 시계만은 못하다.

그 시계는 여전히 내 눈앞에 선하다. 은빛 스테인리스 케이스, 정확히 12등분 된 눈금, 그리고 반딧불처럼 은은하게 빛나던 야광 바늘. 존재하지 않는 물건이지만, 내 기억 속에서는 언제나 똑딱거리며 살아 있다. 그것은 단순한 시계가 아니라 아버지의 사랑, 청춘의 설렘, 그리고 잃어버린 시간의 상징성 때문이다.

이제는 아들도 예물 시계를 받을 나이다. 아들은 그동안 내가 사준 시계를 모조리 잃어버렸다. 그 모습을 보면서, 선물의 가치는 값이 아니라 마음에 있다는 사실을 새삼 깨닫는다. 아버지가 내 손목에 채워주신 첫 시계가 특별했던 것처럼, 아들도 그가 받았던 시계의 추억이 남아 있을까?

세월은 시곗바늘처럼 쉼 없이 돈다. 결혼한 두 딸은 예물 시계를 벗어둔 채 가정을 꾸리고, 서른셋에 태어난 아들은 그 나이를 넘어섰지만 결혼을 미루고 있다. 아들이 결혼해 손자의 손목에 작은 시계를 채워줄 날을 기다린다. 그렇게 시곗줄처럼 이어지는 삶의 고리가 세대를 넘어 이어질 것이다.

시간은 결국 사라지지 않는다. 다만 형태를 바꾸어 기억 속에 남고, 사람과 사람 사이를 잇는 고리로 흐를 뿐이다. 시계란 단순히 시간을 알려주는 도구가 아니다. 그것은 사랑의 징표이자 기억의 매개다. 잃어버린 시계가 내 인생을 되돌아보게 하듯, 언젠가 내가 사라진 뒤에도 똑딱거리는 그 소리는 누군가의 가슴속에서 또렷이 살아있으리라.

(2022)

그랭이질

형을 따라나섰다. 그랭이를 메고 뒷산을 넘어 금광 갯벌로 향하던 길이다. 불등을 지나 넓게 드러난 갯벌에 이르면 작은 달랑게들이 부리나케 구멍 속으로 숨어든다. 사리 썰물에 드러난 광활한 갯벌을 맨발로 자박자박 걸어 물가에 다다르면, 눈에 보이지 않는 모래 속 어딘가에 백합, 피조개, 무조개, 노랑조개, 소라, 큰 구슬우렁이들이 숨쉬고 있다. 형은 그랭이에 대바구니를 걸고 뒷걸음질로 모래를 긁기 시작했다. 사각사각, 칼날이 모래를 가르는 소리가 바닷물 속으로 스며든다. 나는 조개류와 벙게, 뽀가게를 줍다 말고 금세 싫증을 내곤 했다. "형아, 나도 한 번 해보자."

말없이 허리끈을 줄여 건네주는 형. 뒷걸음치며 모래를 긁는 순간, 대나무 통을 타고 귓가에 전해지는 칼날 소리는 마치 어머니가 옥양목을 가위로 자르던 소리 같았다. 덜컥거리는 곳을 파내면 으레 자갈과 빈소라 껍데기뿐이었다. 형은 잠시 나를 지켜보다가 그랭이를 돌려받아 능숙하게 모래를 가른다. 뒤따라 파낸 조개를 담는 일도 어린 나에겐 힘겨운 노동이었다. 얼룩말 무늬처럼 끝없이 이어진 갯벌을 맨발로 거닐면 발바닥이 아파 집에 가고 싶은 마음 간절했다.

그럴 때면 사방을 둘러보았다. 수평선 너머 쌍여섬과 위도, 죽도 뒤로 펼쳐진 변산반도가 또렷이 보인다. 지금은 세계적 습지 보호 기구인 람사르 협회가 지정한 습지지만, 내게 그곳은 그저 형과 함께 조개를 캐던 고향 바다이다. 농사가 본업이던 고향 사람들은 사리 때마다 바닷가에서 해루질을 했다. 갯벌은 밥상에 푸짐한 반찬거리를 제공한다.

건축에도 '그랭이질'이라는 말이 있다. 한옥의 주춧돌 위에 목재 밑바닥을 깎아 맞추는 작업이다. 갯벌에서 쓰는 그랭이와 건축의 그랭이는 다르지만, 둘 다 인간과 자연을 연결하는 지혜였다. 무쇠 삼각틀에 긴 장대를 연결하고 허리끈으로 지렛대 삼아 긁어내는 갯벌의 그랭이질은 과학적인 도구이다. 멀리서 바라보면 피라미드처럼 보이던 그 모양새가 지금도 눈에 선하다.

"야, 인마! 뭐 해? 한 눈 팔기 시작하면 공부도 못한다."

형의 호통에 놀라 그랭이 지나간 자리를 살펴보면, 밀물에 흔적은 금세 사라진다. 조개들은 모래 속으로 파고들고, 게들은 집게발을 치켜들며 다시 갯벌 속에 몸을 감춘다.

형님은 내 어린 시절 친구이자 말동무였다. 또래들이 모두 학교에 간 터라, 서당에 다니던 형님을 따르지 않을 수 없었다. 그러던 형님이 2008년 어버이날에 세상을 떠났다. 공교롭게도 바로 같은 날, 나는 어머니를 응급실에 입원시켰다. 병상 곁에서 형이 즐겨 외우던 구절을 떠올렸다.

"子曰 爲善者는 天報之以福하고, 爲不善者는 天報之以禍니라."
(선을 행하는 자에게 하늘은 복으로 갚고, 선을 행하지 아니한 자는 하늘은 화로 갚는다.)

형은 젊어서는 현대정공에 다니며 땀 흘렸고, 부모님을 위해 귀농했다가 다시 서울로 올라가 성북구청에서 가장 힘든 청소부로 일했다. 정년퇴직 다음 해, 회갑도 못 치르고 세상을 떠나셨다.

마지막 봄, 나는 형과 함께 백화점에 들러 넥타이와 와이셔츠를 사드렸다. "예식장에 오실 때는 꼭 매고 오셔요." 당부하며 모셔다드렸다. 그러나 형은 돌아가시지 않고 지하철에 동행했다. 빈자리가 나자 "동생, 피곤하니 앉아 가라."며 자리를 내어주셨다. 사당역에 도착하자 내리려던 내 손을 잡고 쭈뼛거리며 봉투를 내밀었다. 빳빳한 만원짜리 다섯 장이었다. 대학 문턱을 가보지 못한 형님은 조카딸의 대학 구경과 조카에게 용돈을 주려한 속마음을 떠 난 뒤에 알았다.

그로부터 한 달도 안 되어 형은 혼수상태에 빠졌다. 전주에서 치료받고 싶다는 형의 뜻에 따라 병원을 옮겼지만, 보름을 채 넘기지 못하고 돌아가셨다. 그때 사드린 와이셔츠와 넥타이는 한 번도 빛을 보지 못한 채 불 속에 태웠다.

세월이 흘러 나는 선산 묘역을 정비하며 조상과 부모님을 이장했다. 하지만 육탈이 덜 된 형의 무덤은 미뤄야 했다. 어머니는 명절 때마다 "내가 살아있을 때 꼭 니 형 이장을 해라."라고 유언처럼 부탁했다. 결국 윤달에 형을 모시게 되었고, 어머니 또한 형이 눈 감은 그 요양병원에 입원하셨다.

나는 형과 어머니의 육신을 선산에 모시게 되었다. 돌과 나무를 맞추는 건축 일, 갯벌에서 조개를 캐내는 일, 그리고 선산에서 흙과 육신을 이어 붙이는 일. 본질은 같다. 그것은 모두 인간과 자연을 하나로 이어주는 죽은 자와 산 자의 교감이었다.

형은 갯벌에서 그랭이질을 가장 잘하던 선수였다. 나는 이제 형의 몫까지 이어받아, 남은 가족의 삶을 다독이며 살아간다. 밀물이 들면 사라지고 썰물이 되면 드러나는 갯벌처럼, 인간의 삶과 죽음도 그렇게 반복되는 것일 게다.

결국 모든 그랭이질은 '잇는 일'이다. 흙과 물, 돌과 나무, 삶과 죽음을 이어 주는 일이다. 그렇다면 우리는 저 거대한 자연 속에서 어떤 방식으로 연결되고, 또 어떤 흔적을 남길 수 있을까. 인생이란 결국 흙으로 돌아가는 여정이라면, 나는 무엇을 이어 붙이며 살아가고 있는가. 나의 마지막 그랭이질은 과연 누구의 손에 의해 완성될까. 이 질문 앞에서 나는 오늘도 잠시 멈추어 선다.

작가는 노심자勞心者다

건강한 육체에서 맑은 정신이 나온다. 그리고 그 정신은 좋은 글로 이어진다. 나는 매일 걷는다. 걷지 못하면 죽는다는 말이 있을 만큼, 산책은 단순한 운동을 넘어 정신의 뿌리를 가꾸는 행위다. 걷다보니 일곱 해가 흘렀다. 평일에는 삼천 천변과 세내로 둔치를, 주말에는 완산칠봉과 편백 숲과 백사장, 그리고 가까운 사찰이 있는 산으로 발걸음의 지평이 확장되었다.

산책길에는 이어폰을 낀 사람, 애견을 데리고 나온 사람, 자전거를 탄 사람 등 다양한 풍경이 스쳐 간다. 그들의 얼굴을 보며, 저 사람은 지금 무슨 생각을 하고 있을까, 혼잣말처럼 상상하는 일도 즐겁다. 때로는 조반을 준비하듯 물가에서 먹이를 기다리는 왜가리의 정지된 몸짓에 눈길이 머문다. 한쪽 발을 깃에 감춘 채 미동도 없는 그 기다림 속에서 삶의 진득한 인내를 읽는다.

맹자는 "노심자는 노력자를 거느리고, 노력자는 노심자의 거느림을 받는다."라고 말했다. 곱씹어 보면, 골똘히 생각하는 사람은 '노심자', 몸으로 힘을 쓰는 이는 '노력자'다. 그렇다면 먹이를 노리는 왜가리는 노력자, 그 움직임을 응시하며 사유하는 나는 노심자일 것이다. 하지만 삶은 그렇게 단정되지 않는다. 때로는 몸이 마음을 이끌고, 때로는 마음이 몸을 이끈다.

몇 해 전 집중호우로 산책로의 언더패스가 열흘 넘게 폐쇄된 적이 있었다. 넘실거리는 하천은 장관이었다. 중국과 베트남에서는 강물의 흐름을 용의 꿈틀거림이라 한다. 퇴적된 모래와 자갈, 나뒹구는 나무뿌리와 살아남은 우렁이 등등, 그 풍경은 살아 있는 용이 스쳐 간 자리다. 그 앞에서 나는 생과 사의 무상함을 절감했다.

자연은 언제나 예기치 않음으로 우리를 깨운다. 인간이 설계한 도시 계획과 산책로도, 홍수 앞에서는 속수무책이었다. 그 무력함 속에서 나는 되묻는다. 작가란 무엇인가? 펜을 잡고, 키보드를 두드리는 육체의 노력만으로는 글이 나오지 않는다. 마음이 움직여야 비로소 한 줄이 탄생한다. 그러나 정신만으로도 부족하다. 몸이 지탱하지 못하면 마음도 지탱할 수 없다. 몸과 마음은 수레의 두 바퀴처럼 함께 굴러야 한다.

소설가 최명희는 "언어는 정신의 지문이고 넋의 무늬"라고 했다. 작가란 그 지문을 찍어내는 존재다. 그렇기에 작가는 노심자다. 삶의 무게를 곱씹으며, 사유를 힘으로 전환하는 이가 작가다. 동시에 글을 쓰는 육체적 행위를 감당하는 노력자이기도 하다.

결국 작가는 노심자이자 노력자다. 마음의 노동과 육체의 노동을 아우르는 사람, 사유와 행위를 결합하여 언어라는 또 다른 생명을 낳는 사람이다. 그 길은 고단하고 외로운 여정일지라도, 그 속에서 피어난 문장은 누군가의 삶을 어루만지는 힘이 되기도 한다.

나는 내일도 오늘처럼 걷고, 생각하고, 쓰리라. 흐르는 물줄기를 바라보며, 그것을 신의 지문이자 자연의 혼이라 느끼듯, 내 글 또한 누군가의 마음에 작은 혼이 되기를…….

해찰에서 해(太陽)를 찾다

삼천천변을 산책한 지도 어느덧 7년, 산책길은 해찰의 연장이다. 고백하자면 나는 초등학교 입학 전부터 해찰하던 아이였다. 형을 따라나선 바닷가에서 풍경을 바라보며 상상에 잠겼고, 그때부터 '해찰한다'는 지청구를 듣기 시작했다. 핀잔을 들어도 변산반도와 사방으로 펼쳐진 명사십리의 풍경에 빠져들었다. 밀려왔다가 물러가는 파도소리에 홀린 듯 상상에 잠기곤 했다.

'바닷물은 누가 잡아당길까?', '저 멀리 섬에는 누가 살까?' 끝없는 상상 속에 빠져드는, 이른바 '멍 때리기'의 원조였다.

"야, 인마! 해찰하지 말고 어서 주워 담아."

아이고, 깜짝이야. 정신 차려보면 조개잡이에 열중한 형은 나를 기다리고 있었다. 바닥을 파헤친 모래 위, 애써 파놓은 조개와 게들은 모래 속으로 숨어들기 직전이었다. 밀물에 잠긴 조개는 물총을 쏘며 모래 속으로 몸을 감췄고, 둥그렇고 노란 뽀갠 게는 두 개의 더듬이를 내밀고 눈동자를 굴렸다. 숨바꼭질하듯 모래 속에 몸을 숨기던 작은 생명들, 그것이 나의 세상이었다.

해산물이 가득한 바구니를 들고 앞장서 걷는 형을 따라가면서도 나는 수확에는 관심이 없었다. 몇 번이고 바다를 뒤돌아보았다. 형과 나는 여덟 살 차이다. 환갑을 앞두고 요절한 형은 그때 사춘기였고, 나는 미취학 아동이었다. 한창 예민한 형이 귀찮아했을 텐데도 나는 줄곧 졸래졸래 따라다녔다. 바다를 볼 때마다 형이 기다리고 있을 것 같은 착각에 빠진다. 형은 그리움으로, 때로는 상흔으로 내 앞에 선다. 바닷가에서 그때를 떠올리며 기쁨으로, 때로는 슬픔으로 형을 만난다.

초등학교에 들어가서도 해찰은 여전했다. 늦게 귀가하는 나를 향해 어머니는 늘 핀잔을 주셨다. 하굣길에 물방개를 잡아 우물에 넣었는데, 다음 날 보니 소금쟁이와 함께 사라졌다. 화풀이하듯 뱀과 개구리를 잡아 넣기도 했다. 결국 우물물을 마시던 노랑뫼 주민들의 항의를 받았다. '해찰하지 말라'던 어머니의 당부는 지금도 귓가에 맴돈다.

형과 어머니에게 타박 받았던 그 행동이 선천적 기질인지, 후천적 습관인지 알 수 없다. 다만 느긋한 성격과 이리저리 살피는 습성은 지금도 변함이 없다.

어느 날 덕진 연못에서 오리가족을 관찰하다가 망을 보는 수컷 오리를 발견했다. 갓 부화한 새끼 오리들의 아장거림을 사진에 담고 싶어 며칠째 팔각정 옆 공터를 찾았다. 보금자리에서 나오는 어미 오리는 새끼를 지키려 본능적으로 날카로운 소리를 냈고, 위험을 느끼면 돌변해 사진기를 향해 공격했다. 수컷 오리는 성동격서 하듯 자신을 과장되게 흔들어 포식자의 시선을 끌었다. 새끼를 지키려는 오리 부부의 부정父情과 모성은 놀라웠다.

수년간 덕진 연못을 거닐면서 미처 몰랐던 사실도 있다. 연잎에 맺힌 맑은 물방울은 이슬이 아니라, 밤새 뿌리에서 올라온 수분이 기공을 통해 내뿜은 것이었다. 시궁창에서 피어난 연꽃의 생명력, 그것은 말로 다할 수 없는 경이로움이었다.

손자 중에도 해찰이 심한 아이가 있다. 지하주차장에서 자동차보다 경광등에 더 관심을 보이는 손자, 외식할 때마다 주차장 입구에서 한참을 서성여 가족들을 기다리게 했다. 유전일까? 손자의 해찰은 어쩌면 내 유전자의 흔적일지도 모른다. 해찰하는 아이에게 짜증 한 번 내지 않는 사위를 보며, 예전에 나에게 화를 내던 형의 마음을 이제야 이해하게 된다.

중국으로 돌아간 판다를 보며 인간과 동물의 교감을 느꼈다. 여섯 해째 이어지는 산책길에서 어쩌다 마주친 수달 한 쌍의 이동 경로를 알게 되었고, 그들의 사냥 모습을 동영상에 담았다. 해가 떠오르는 아침, 물고기를 잡아 머리부터 먹는 수달의 행동은 야생 그대로였다. 도심 속 천연기념물, 수달의 삶을 이토록 가까이서 지켜본다는 것은 큰 행운이었다.

현대인은 바쁜 일상 속에서 잠시 비켜 설 쉼이 필요하다. 해찰은 어쩌면 그 쉼의 다른 이름이다. 어린 시절처럼 꾸중 받을 일이 아니라, 인생의 여정에서 때로는 꼭 필요한 휴식이다. 온갖 번뇌와 탐욕, 집착을 내려놓은 '공空'의 시간, 그 시간 속에서 우리는 사물의 이치를 깨닫고 마음의 고요를 얻는다. 자연과 합일되어 순수한 자아를 회복할 때, 해찰은 단순한 산만함이 아닌 깊은 성찰이 된다.

해는 밝음이다. 해찰은 그 밝음을 찬찬히 바라보는 일이다. 해찰은 시간을 낭비하는 것이 아니라, 마음을 비추는 정신의 활동이다. 그래서 나는 오늘도, 즐거운 해찰을 하련다.

단추 단상

두 딸이 사다 준 겨울 점퍼는 하나같이 감색 계열이다. 요즘 옷들은 대개 지퍼가 달려 있어 입고 벗기 편하다. 하지만 나는 단추가 달린 옷을 볼 때마다, 어린 시절 선친이 사주신 진한 밤색 다오다 잠바를 떠올린다. 단추는 단순한 여밈이 아니라, 내 기억과 삶을 이어주는 매듭 같은 것이다.

내가 처음 입은 다오다 잠바는 신기한 옷이었다. 양쪽 깃에만 무려 여덟 개의 단추가 달려 있었는데, 그중 세 개만 채워도 옷은 단정히 여며졌다. 모자까지 달린 진한 밤색의 그 잠바는 동네 아이들 사이에서 제법 눈길을 끌었다. 형이나 동생들에게는 사주지 않고 나에게만 사주신, 아버지의 특별한 배려였을까.

그 겨울, 우리는 꽁꽁 언 논바닥에서 썰매를 타며 놀았다. 아버지가 손수 만들어 주신 대나무 썰매는 불에 그슬려 앞부분은 살짝 휘어 있었고, 우리는 고무신에 새끼줄을 묶어 발에 고정한 채 신나게 얼음을 가르며 달렸다. 얼음이 갈라져 물에 빠지기도 하고, 젖은 양말을 모닥불에 말리며 김이 모락모락 오르는 풍경은 지금도 눈에 선하다.

그러던 어느 날, 모닥불 불똥이 튀어 소중한 잠바에 구멍이 뻥뻥 뚫렸다. 얇은 스펀지가 드러난 구멍을 보며 혼날까, 걱정했지만, 어머니는 나를 나무라지 않으셨다. 대신 손바느질로 정성껏 천 조각을 덧대 주셨다. 따뜻한 옷이 귀하던 시절, 그 손바느질은 단순한 수선이 아니라 어머니의 사랑 그 자체였다.

새 학기가 되어 학교에 가니 같은 잠바를 입은 아이들이 하나둘 늘어났다. 나는 반에서 키가 가장 큰 축에 속해, 친구들의 모자를 잡아당기고 장난을 치기도 했다. 그러나 그 시절의 기억은 장난보다도, 늘 코를 훌쩍이며 옷자락에 말라붙은 누런 콧물 자국, 그럼에도 산과 들로 뛰어다니며 저녁이 될 때까지 놀던 우리들의 건강한 웃음으로 남아 있다.

저녁밥을 먹으라 부르는 소리에 허겁지겁 집으로 서둘러 들어가면 단추를 잘못 끼우고 밥상에 앉을 때가 있었다. 그때마다 아버지는 단추를 다시 풀어주며 말씀하셨다.

“남자는 첫 단추를 잘 끼워야 성공한다.”

그 말은 단순히 옷매무새를 바로잡으라는 충고가 아니었다. 신언서판, 곧 바른 옷매무새에 대한 아버지의 밥상머리 가르침이었다. 세상살이의 올바른 시작, 작은 습관 속에 담긴 인생의 철학을 전하고 싶으셨던 것이다.

세월이 흘러 이제는 두 딸이 사다 준 감색 점퍼를 자주 입는다. 지퍼를 올리고 단추를 채울 때마다, 선친의 말씀이 떠오른다. 그리고 어머니의 손바느질과 딸들의 마음이 겹쳐져, 나는 여전히 그 따스한

울타리 안에 있다는 행복함에 안도한다.

돌이켜보면, 인생은 단추를 끼우는 일과 닮았다. 서두르다 보면 잘못 끼울 때가 있고, 그럴 때는 다시 풀어 처음부터 채워야 한다. 옷의 단추 하나에도 삶의 질서가 담겨있다.

이제 나는 스스로에게 묻는다.

우리는 과연 삶의 첫 단추를 올바로 끼우고 있는가. 잘못 끼운 단추를 끝까지 억지로 잠그며 살고 있지는 않은가. 나아가, 인간의 삶에서 '첫 단추'란 무엇을 의미하는가. 사랑일까, 신뢰일까, 아니면 삶을 일구어 가는 태도일까.

옷의 단추는 잘못 끼웠을 때 풀어 다시 끼우면 된다. 그러나 삶의 단추는 어떠한가. 우리는 때로 잘못 끼운 줄 알면서도 끝까지 억지로 잠그며 살아가기도 한다. 그렇다면 삶에서 잘못 끼운 단추는 어떻게 다시 풀 수 있을까. 아니, 과연 다시 풀 수는 있는 것일까.

아버지의 말씀이 단순한 충고를 넘어선 철학적 질문으로 다가오는 나이, 나는 감색 점퍼를 옷장에서 꺼내어 여미는 순간 묻는다. 삶의 단추는 어디에서부터 다시 시작해야 하는가. 지금의 나는 마지막 단추를 잘 채우고 있는가?

이준구 수필집

은비녀의 옆모습

인쇄 2025년 12월 05일
발행 2025년 12월 12일

지은이 이준구
발행인 서정환
사진 김판용, 박순모
펴낸곳 수필과비평사
주소 서울시 종로구 삼일대로 32길 36(운현신화타워 빌딩) 305호
전화 (02) 3675-3885, (063) 275-4000
팩스 (063) 274-3131
이메일 essay321@hanmail.net
출판등록 제300-2013-133호
인쇄 · 제본 신아출판사

저자와 협의, 인지는 생략합니다.
잘못된 책은 바꿔 드립니다.

ISBN 979-11-5933-617-1 03810
값 17,000원

Printed in KOREA